MEIN BRUDER IM WACHKOMA

Monika Mann

Bibliografische Information der Deutschen Nationalbibliothek:
Die Deutsche Nationalbibliothek verzeichnet diese Publikation in der Deutschen Nationalbibliografie; detaillierte bibliografische Daten sind im Internet über http://dnb.dnb.de abrufbar.

Copyright © 2017 Monika Mann
All rights reserved.

Herstellung und Verlag: BoD – Books on Demand, Norderstedt

ISBN 978-3-741-264085

Für meine Eltern,

die sich ihren Lebensabend ganz anders vorgestellt hatten

und ihr Schicksal so vorbildlich meistern.

EINLEITUNG

Wenn Menschen durch einen Unfall, einen Schlaganfall oder aus anderen Gründen ins Wachkoma fallen, dann ist das für die betroffene Person sowieso, aber auch für die Angehörigen dramatisch. Das eigene Leben bleibt für eine bestimmte Zeit stehen. Im Fokus steht schlagartig die erkrankte oder verletzte Person, ganz ähnlich wie bei einem plötzlichen Trauerfall. Aber anders als beim plötzlichen Todesfall gibt es zwar eine Trauerphase, diese wird aber gleichzeitig begleitet mit Phasen der Hoffnung und mit vielen organisatorischen und medizinischen Herausforderungen. Entsprechend gibt es auch nicht einen Abschluss der Trauerphase, in der das „normale" Leben irgendwie weitergehen kann. Es muss ein neues Leben definiert werden. Man muss lernen, mit der Ungewissheit zu leben, ob die betroffene Person nun wieder aufwacht, stirbt oder eben im Zustand des Wachkomas bleibt.

Mein Bruder ist vor über 12 Jahren nach einem Verkehrsunfall ins Wachkoma gefallen und seitdem noch nicht wieder aufgewacht. Wir haben zwar Augenkontakt, aber das ist eben auch alles. Natürlich habe ich in diesen Jahren viele Bücher und Blogs im Internet zum Thema gelesen. Von Menschen, die wieder aufgewacht sind und von Angehörigen, die von der Pflege des Patienten berichten. Was ich nie gefunden habe, sind Berichte von Angehörigen, die nicht pflegen. Die, wie ich, als Schwester mit den ganzen Gefühlen, Sorgen, Ängsten und Hoffnungen beteiligt sind, die aber weder die Sonde reinigt noch mit Ärzten oder Versorgungseinrichtungen verhandeln muss. Ich bin nicht so nah an ihm dran, wie in unserem Fall meine Eltern. Dennoch betrifft der Unfall natürlich auch mich. Ich musste und muss immer noch um den Bruder, den ich kannte, trauern, einen neuen Bruder immer wieder in Ansätzen kennenlernen und mit meiner Hoffnung umgehen, dass sich mein Bruder wieder entwickelt - leider ist dies bisher noch nicht eingetreten. Ich muss auch lernen, mit meinen Gedanken und Ideen umzugehen. Wie die

Zukunft wohl wird und wie ich mich auch abgrenzen darf und vielleicht sogar muss. Wie ich leben darf, obwohl mein Bruder im Wachkoma ist und ich mich nicht laufend um ihn kümmere.

Schreiben war und ist für mich eine hilfreiche Form, Emotionen für mich zu klären und von der Seele zu schreiben. Nach der ersten Zeit des Schocks nahm mein Tagebuch die Worte auf, nach 10 Jahren hatte ich das Gefühl, nach außen gehen zu wollen. Ich habe zunächst zwei Jahre lang immer mal wieder Artikel in meinem Blog „Wachkomabruder" veröffentlicht. Aufgrund dieses Blogs bin ich mit anderen Menschen in Kontakt gekommen, die sich in einer ähnlichen Situation befanden. Spannend, wie gehen diese mit ihrer Situation um? Wir sind ins Gespräch gekommen, und ich bin dankbar, dass ich einige für dieses Buch interviewen konnte bzw. sie mir ihre Geschichten aufgeschrieben haben.

Ich hoffe, dass genau dieses Gefühl sich auch bei ihnen einstellt, liebe Leserin und lieber Leser. Besonders wenn sie selbst in einer ähnlichen Situation sind und nach Anregungen, Hilfestellungen und Trost suchen. Wenn dieses Ziel, Trost und Gemeinschaft zu spenden, erreicht wurde, dann haben sich die Mühen um die Bucherstellung für mich auf jeden Fall gelohnt. Für ihren Weg, egal wie dieser aussieht, wünsche ich ihnen viel Kraft und Zuversicht.

Ihre Monika Mann

DER UNFALL MEINES BRUDERS

Am 20. April 2005 klingelte bei mir im Büro das Telefon. Nichts ungewöhnliches. Als ich den Hörer abnahm, schrie und weinte mein Bruder Klaus in den Hörer: Peter ist tot. Ich war sprachlos, entsetzt, im Schock. Gleichzeitig ging trotzdem meine kleine Managerin an, die abklärte, was jetzt zu tun ist. Immerhin war ich damals Geschäftsführerin einer GmbH und mitten in meinem Büroalltag. Meine Eltern waren beide nicht zu erreichen, deshalb hatte sich die Polizei bei meinem Bruder 500 km weit weg gemeldet. Es war ein Autounfall auf dem Weg zur Arbeit.

Für mich war klar, ich muss so schnell wie möglich dahin, allein schon wegen meiner Eltern. Um diese aufzufangen, wenn die Nachricht eintrifft. Klaus wollte in einigen Tagen kommen, er konnte sich nicht so schnell wie ich von seiner Arbeit freimachen. Soviel zu diesem ersten, chaotischen Telefonat. Wie benommen bin ich dann zu einer Kollegin ins Büro gegangen und habe den grausamen Satz wiederholt: Mein Bruder ist tot, ich muss ins Rheinland. Dann habe ich noch meinen Freund angerufen, mit dem ich damals gerade drei Monate zusammen war. Ich hätte mich gefreut, wenn er mich begleitet hätte, aber so flexibel war er damals nicht. Aber zum Bahnhof Zoo wollte er kommen, um mich nochmals zu verabschieden.

Ich also vom Büro nachhause. Dort habe ich schnell viele schwarze Sachen in einen kleinen Koffer geschmissen, dann ging es los. In der U-Bahn erreichte mich dann ein erneuter Anruf meines Bruders Klaus. Peter ist gar nicht tot, er ist fast tot. Dieses kleine Wörtchen „fast" hatte er im ersten Telefonat mit der Polizei überhört. Er berichtete, dass Peter schwer verletzt in Bonn in einer Klinik liegt und die Ärzte um sein Leben kämpfen. Zu diesem Zeitpunkt war ich unglaublich erleichtert und trotzdem natürlich voller Sorge. Würden die Ärzte sein Leben retten können, würde er wieder gesund werden?

Nach dem kurzen Treffen mit Thomas ging es dann ab in den ICE. Die fünf Stunden Zugfahrt nach Köln waren noch nie so lang gewesen, wie bei dieser Fahrt. Immer wenn ich Netz hatte, versuchte ich meine Eltern zu erreichen. In den Pausen standen meine Augen voll Tränen, ich bin aber nicht ein Typ, der in der Öffentlichkeit einfach weint – auch wenn mir es dort sicherlich gut getan hätte. Kurz vor der Ankunft in Köln war dann meine Mutter zuhause, als ich ankam, war sie selbstredend noch ganz benommen. Und wir hatten über Klaus die Nachricht aus dem Krankenhaus, dass mein Bruder soweit erst mal stabilisiert sei und in ein künstliches Koma versetzt wurde.

Am nächsten Morgen kam mit einem der ersten Züge mein Vater von einer abgebrochenen Reise zurück und gemeinsam ging es zum ersten Mal ins Krankenhaus. Mein Bruder lag an viele Geräte angeschlossen in der Intensivstation. Er war nicht ansprechbar, aber damit hatten wir auch nicht gerechnet. Immerhin konnten wir uns vorstellen, was es bedeutet, in einem künstlichen Koma zu liegen.

Die folgenden Tage habe ich eher mit Organisation von allen möglichen Dingen in Erinnerung, weniger in Trauer. Es gab ja auch zunächst keinen Grund, traurig zu sein. Peter war außerhalb akuter Lebensgefahr, seine Rippen waren gebrochen, ein Teil der Lunge verletzt, einige Zähne draußen – alles Schäden, die ein Körper wahrscheinlich heilen kann. Wäre da nicht noch das Schädeltrauma gewesen. Eine Verletzung, bei denen auch die Ärzte nicht so genau wussten, wie sie sich entwickelt und wir in den ersten Besuchen und Gesprächen auch nicht hören wollten, dass es möglicherweise größere Schäden sein könnten. Es gab eben auch Fälle, in denen das Gehirn diese überwand und neue Wege entwickelte, um gut zu leben. Christina, seine Freundin, war auch ganz hoffnungsfroh, den lang geplanten Urlaub zwei Monate später antreten zu können. Ich weiß noch, wie sie zu mir sagte: Dann trag ich halt die Koffer, wenn die Rippen noch nicht wieder ganz geheilt sind. Oh wie schön wäre es gewesen, wenn es so gekommen wäre.

Neben den Besuchen im Krankenhaus gab es sonst viel zu regeln. Es musste entschieden werden, was mit dem kaputten Auto passiert. Mein Vater und ich fuhren zu dem Autohof, wo Unfallautos in der Gegend erst mal hingebracht werden. Obwohl es dort einige Autobahnen gibt, war eine Info der Dame, die uns zu seinem Auto brachte, für mich wichtig. Die kaputten Autos haben alle Kennzeichen aus der Gegend. Unfälle passieren selten, wenn man lange unterwegs ist, sondern auf dem Weg zur Arbeit. Ich weiß nicht genau, ob ich diese Info tröstlich fand. Bei der Sicherung seiner persönlichen Gegenstände aus dem Wrack kann ich mich heute noch an zwei Äpfel in einer Tasche auf dem Beifahrersitz erinnern. Sie erinnerten an Apfelmus. Gut das er alleine unterwegs war.

Nach einigen Tagen, vielen Besuchen im Krankenhaus – mein Bruder war nicht ansprechbar und sah ein bisschen wie ein Michelin-männchen aus – musste ich dann wieder zurück in meinen Alltag nach Berlin. In der vermuteten heißen Phase des Aufwachens war ich nicht mehr anwesend, erwartete aber laufend den erlösenden Anruf, dass er wieder aus dem künstlichen Koma erwacht sei. Immerhin, die entsprechenden Mittel waren abgesetzt, nur mein Bruder wachte nicht auf. Irgendwann öffnete er die Augen und als es hieß, er geht jetzt in die Reha, da hatte ich die Hoffnung, dass es in einer Reha doch um Rehabilitation geht, es also bergauf geht. Bei einer Reha hatte ich im Kopf, dass dort Menschen Laufen und Sprechen lernen, es also deutlich voran ging. Ich erinnere mich auch noch an die Nachricht meines Vaters, er sei zum ersten Mal geduscht worden. Bei mir im Kopf entstanden Bilder von einem stehenden Menschen in einer Dusche. Wie man halt so duscht. Wie naiv.

Der nächste Besuch war ernüchternd. Er war immer noch nicht aufgewacht, durch spastische Lähmungen waren Beine und Arme verkrampft und konnten nur schwer bewegt werden. Von einer Kontaktaufnahme konnte keine Rede sein. Ich weiß nicht mehr genau, wann er seine Augen aufgemacht hat, dies war dann immerhin eine Entwicklung, die Hoffnung machte. Aber mit Peter mussten wir lernen, in dem sonst so schnelllebigen und effektiven Alltag ein ganz neues Zeitgefühl zu entwickeln. Nicht nur ein neues Zeitgefühl, sondern eigentlich Zeitlosigkeit. Am Anfang hatten wir die Hoffnung, dass uns ein Arzt oder sonst wer sagen könnte, wie der typische Verlauf einer solchen Verletzung und des Heilungsprozesses ist. Aber es wusste keiner. Es wurden immer mal Andeutungen gemacht. Andeutungen, die eher schlechte Prognosen enthielten. Weil sich die Ärzte aber auch nicht sicher waren, sind diese Gespräche bei uns nicht wirklich angekommen. Es könnte ja auch ganz anders kommen. Kein Arzt hat das verneint. Vielleicht war das zum damaligen Zeitpunkt auch gut so. Jenseits von der Tatsache, dass die Hirnforschung zu einem großen Teil im Dunkeln tappt, wäre es für uns sehr hart gewesen, wenn wir damals der Zukunft hätten ins Auge blicken müssen. Dass nämlich mein Bruder heute - mehr als 12 Jahre nach dem Unfall - immer noch im Wachkoma liegt und nicht wirklich ansprechbar ist. Geschweige denn seinen eigenen Körper steuern und ein selbstbestimmtes Leben leben kann. Damals haben wir von einer halbwegs schnellen Gesundung geträumt. Auch wenn wir uns manchmal bewusst waren, dass es sich damit vielleicht nur um einen Traum handeln könnte.

UNSERE FAMILIE

Damit man sich von uns ein Bild machen kann, will ich zunächst mal meine Familie beschreiben. Meine Kernfamilie besteht aus meinen Eltern und uns drei Geschwistern. Mein verunglückter Bruder ist der Älteste, dann kam ich und dann mein kleiner Bruder. Zum Zeitpunkt des Unfalls waren wir Kinder alle in den Dreißigern, meine Eltern waren gerade in Rente gegangen. Zum großen Glück hatte mein kleiner Bruder mit seiner Frau zwei Enkelkinder auf die Welt gebracht, das große Glück meiner stolzen Eltern, die jetzt Großeltern waren. Wahlweise verbrachten sie Zeit mit den Enkelkindern oder sie waren in der Weltgeschichte unterwegs. Reisen war ihre zweite große Leidenschaft im Alter, ich war manchmal sprachlos, wie viele Fernreisen für sie in einem Jahr auf der Tagesordnung standen.

Peter und meine Eltern lebten im Rheinland, mein kleiner Bruder Klaus mit seiner Familie in Nürnberg und ich mit meinem Freund in Berlin. Peter hatte die Rolle, sich bei meinen Eltern um alles zu kümmern, was diese so langsam nicht mehr alleine hinbekamen. Er war immer mal in unserem Elternhaus und hat etwas repariert oder neu angeschafft. Darin war er auch gut, er war ein richtiges handwerkliches Talent und hat das auch gerne gemacht.

Ich traf alle von Zeit zu Zeit, hatte aber einen nicht allzu engen Draht. Mein Leben war in Berlin. Ich war als Geschäftsführerin einer GmbH stark eingespannt und mochte dieses Engagement für meinen Job. Vier Monate vor dem Unfall hatte ich einen neuen Mann kennengelernt. Witzigerweise fast zeitgleich mit Peter, der auch eine neue Freundin hatte. Wir haben damals - kurz vor dem Unfall - noch viel telefoniert und uns ausgetauscht.

Schlagartig wurde unser Leben am Unfalltag anders. In den ersten Tagen nach dem Unfall haben wir alle unser bisheriges Leben verlassen und uns erst mal im Rheinland zusammengefunden. Danach musste es irgendwann wieder weitergehen mit einem Alltag, der zwar anders war, der aber trotzdem für alle funktionieren musste. Die Hauptveränderung haben meine Eltern geschultert. Peters Freundin war am Anfang auch noch präsent, nachdem sich aber zeigte, dass Peter so schnell nicht wieder gesund werden würde, wurden ihr Engagement und später auch ihre Besuche immer weniger. Vier Monate Beziehung sind zu wenig, um auf dieser kurzen Liebe ein jahreslanges Engagement für einen Wachkoma-Partner zu begründen.

Meine Eltern haben sich mit bewundernswertem Engagement ihrer neuen Aufgabe gestellt. In den ersten Jahren sind sie nicht weggefahren, wenn überhaupt, ist einer zu den Enkelkindern gefahren, aber es war immer klar, dass einer auch bei meinem Bruder sein müsste. Um ihnen eine gemeinsame Reise zu ermöglichen, habe ich irgendwann Urlaub genommen und war alleine im Haus meiner Eltern. So konnte dann ich jeden Tag meinen Bruder besuchen. Mein Vater beschrieb irgendwann sein Leben mit diesen Worten: „Es ist jetzt eigentlich wieder so, wie vor der Rente. Ich sitze wieder morgens in der Straßenbahn, ich muss mich wieder mit vielen Menschen rumschlagen, habe wieder viel Briefverkehr und komme wieder abends spät nachhause". Auf der einen Seite war ich erschreckt, als er mir dies so beschrieb. Auf der anderen Seite war es aber auch nicht möglich, meine Eltern für eine neue Balance im Umgang mit meinem Bruder und ihrem sonstigen Leben zu gewinnen. Er stand und steht an erster Stelle. Eine große Veränderung haben sie vorgenommen, nachdem sie acht Jahre lang täglich zu Pflegeeinrichtungen gefahren sind. Sie haben für meinen Bruder ein Haus gebaut. In der Nachbarstrasse zu ihrem eigenen. Nun ist er in der Nähe und das bringt viele Vorteile. Auch geht es ihm erkennbar viel besser, was sicherlich der größte Vorteil ist. Meine Eltern müssen sich jetzt mit anderen Themen rumschlagen. Manchmal glaube ich, sie haben diese unterschätzt. Aber sie halten sich tapfer.

Klaus und ich hatten mit unseren Eltern und Peter nicht so viel zu tun. Vor dem Unfall. Klaus noch mehr, weil er eine zeitlang auch im Rheinland gewohnt hat, und weil er die beiden Enkelkinder vorzuweisen hatte. Um diese zu sehen, sind meine Eltern auch nach Nürnberg gefahren, das war vor wie nach dem Unfall einfach ein wichtiger Anziehungspunkt. Auch Peter und ich sind immer gerne mal nach Nürnberg gefahren. Ich war in Berlin ein bisschen außen vor. Lange Zeit hatte ich nur eine kleine Wohnung, Besuch von meiner Familie kam äußerst selten. Wir haben telefoniert und uns an Weihnachten und Geburtstagen gesehen. Ich hatte alle gerne, würde aber nicht sagen, dass wir besonders eng waren. Für mich war mein Leben in Berlin wichtiger, meine Freunde, meine Arbeit und meine Hobbys. Ein bisschen enger wurde es kurz vor Peters Unfall. Ich hatte mir ein kleines Reihenhaus gekauft, und nacheinander kamen meine Mutter und dann Peter, um beim Umbau und beim Einzug zu helfen. Besonders die Hilfe von meinem Bruder war mir natürlich sehr, sehr wichtig, es war das letzte Mal, dass er mir helfen konnte und wir miteinander eine gute Zeit verbrachten.

Der Unfall und seine Folgen haben uns alle wieder deutlich stärker an unsere Kernfamilie herangebeamt. Das ging schon los mit der Bewältigung unseres Schocks. Klaus konnte über Wochen wenig machen, er war im wahrsten Sinne des Wortes schockiert und gelähmt. Ich habe mich mit Organisationsaufgaben „über Wasser" gehalten. Also viel mit meinen Eltern geschaut, was jetzt nötig ist. Die eigentliche Trauer fand für mich in Berlin statt. Auch wenn meine Partnerschaft zu dem Zeitpunkt sehr gewackelt hat, Thomas war da, wenn ich weinen musste. Wenn ich mir auch sonst sehr unsicher war, ob es der richtige Mann war, mit dieser Bereitschaft hat er richtig viele Punkte gemacht. Heute sind wir übrigens glücklich verheiratet. Er war damals eine richtig wichtige zentrale Stütze in meinem Leben. Und er ist mir auch heute im Umgang mit dieser schwierigen Situation immer wieder eine sehr große Hilfe.

Wenn ich jetzt heute, also ein gutes Jahrzehnt später, auf unsere Familie schaue, dann erlebe ich uns deutlich enger. Vielleicht wäre das auch so gekommen. Einfach, weil man sich mehr um Eltern kümmert, die auf die 80 zugehen. Obwohl, das stimmt so nicht. Wäre der Unfall nicht passiert, wären meine Eltern immer noch viel unterwegs und würden es aktuell weit von sich weisen, dass sich jemand um sie kümmern muss. Sie fänden maximal das Gefühl toll, dass wir uns kümmern würden, wenn sie dann mal alt sind. Unser

Kümmern jetzt ist eher auf meinen Bruder gerichtet, auch wenn sich das in meiner Wahrnehmung manchmal vermischt. Ich bin deutlich häufiger zu Besuch, ich finde es bis zu einem gewissen Punkt normal, dass es sich nicht um Besuche im klassischen Sinn handelt, sondern wir eher viel klären, reparieren und regeln müssen. Was Besuche im klassischen Sinn für mich sind? Die bei meinen Schwiegereltern. Man plaudert, geht schön essen, macht einen Spaziergang und trinkt Kaffee. Und dann fährt man irgendwann wieder. Bei meinen Eltern dreht sich viel um Peter. Dabei negieren sie sich auch selbst. Wenn ein Finger operiert werden muss oder ein neues Implantat in den Mund gebohrt wird, diese Eingriffe sind in den Augen meiner Eltern irgendwie zu Lappalien geworden. Das muss man bei alten Menschen halt machen, aber es wird fast nur im Halbsatz erwähnt.

Im Gegenzug dazu ist auch mein Leben in der familiären Wahrnehmung unwichtig. Mein Leben in Berlin ist ein knapper Halbsatz. Erwähne ich, dass es gut geht, reicht das. Details gehen unter. Sie spielen im Vergleich zum Drama um Peter keine Rolle. Am Anfang habe ich da sehr drunter gelitten und ich kann auch nicht jetzt sagen, dass ich es toll finde. Es tröstet mich, dass Klaus ähnliches berichtet. Bei ihm punkten seine Kinder. Aber er selbst ist auch nur ein Halbsatz. Fairerweise waren wir das übrigens vor dem Unfall auch schon. Wir haben alle unser eigenes Leben gelebt. Ich glaube, es fühlt sich nur etwas anders an, weil Peter jetzt plötzlich so viel Aufmerksamkeit bekommt. Auch durch uns. Wenn man plötzlich wieder näher dran ist, merkt man diese eigentümliche Distanz intensiver.

Was wir selten schaffen, sind ehrliche Gespräche über unsere Ängste und Sorgen. Wie sehr uns diese Situation anstrengt. Ich glaube, es traut sich keiner, dies wirklich anzusprechen. Weil wir alle keine Idee haben, wie wir da raus kommen. Meine Eltern, besonders mein Vater, war es gewöhnt, für alles eine Lösung zu haben. Und nun hat er keine. Das macht ihn sprachlos. Es wird schwer auszuhalten sein. Ich selbst arbeite als Coach. Mit meinen Eltern auf die Metaebene zu gehen, also mal ein bisschen von oben auf unsere Situation zu schauen, schaffe ich nicht. Aber wir schaffen es, als Familie zusammenzuhalten. Keiner aus der Kernfamilie hat sich zurückgezogen, wenn es Schwierigkeiten von außen gibt, halten wir zusammen, machen wenige Vorwürfe und versuchen, Probleme gemeinsam zu lösen. Schritt für Schritt, manchmal kleine, manchmal größere. Unser größtes Sorgenkind Peter hat hier den Rest ganz gut zusammengeschweißt.

DIE HOFFUNG STIRBT ZULETZT

Für mich stimmt dieser Spruch: Die Hoffnung stirbt zuletzt. Wir haben in den letzten 12 Jahren viel erlebt. In erster Linie haben sich meine Eltern um meinen Bruder gekümmert. Mit viel Engagement und unter Aufgabe ihres eigenen Lebens. Die ersten Jahre haben sie jeden Tag meinen Bruder besucht. Zunächst gemeinsam, irgendwann haben sie sich abgewechselt, damit auch noch ein bisschen Zeit für Haushalt und Garten zuhause bleibt. Dabei hat mein Bruder alle Pflege- und Rehaeinrichtungen im weiteren Rheinland kennengelernt.

Mein Eindruck von außen: Wenn Angehörige sich aktiv und kritisch an der Versorgung ihres Kindes oder Partners beteiligen, dann können viele Einrichtungen nicht nur punkten. Im Gegenteil. Bei intensiver Begleitung werden eben auch viele Missstände deutlich. Satt und sauber haben wir als eine Prämisse erlebt. Das reicht aber nicht. Oft fielen Therapien aus oder waren eh zu wenig. Ganz große Schwierigkeiten hatte ich mit Einrichtungen, die in der Anwesenheit meines Bruders über ihn abwertend oder zumindest mit wenig Zuversicht sprachen. Ich hatte immer das Gefühl, dass er alles mitbekommt und habe auch immer versucht, ihn in Gespräche einzubinden. Sehr schwer, wenn alle anderen das nicht tun. Empörend fand ich Ansinnen, ihm beispielsweise den Daumen zu amputieren, weil man dann die Hand besser pflegen könnte. Durch seine Spastik ist die Hand oft angespannt und es kommt zu schmerzhaften Druckstellen. Aber deswegen gleich den ganzen Daumen abnehmen?

Meine Eltern waren bei den Pflegeeinrichtungen besonders kritisch. Dies ist ja auch kein Wunder. Sie waren jeden Tag da und haben entsprechende Missstände hautnah miterlebt. Verbunden mit dem unbewussten Vorwurf, wenn sich bei unserem Sohn nichts tut, dann ist da auch die nicht ausreichend aktivierende Pflege mit dran schuld. Vielleicht tue ich meinen Eltern damit unrecht. In jedem Fall zog mein Bruder etwa alle zwei Jahre um. Die Opfer, die meine Eltern dabei selbst gebracht haben, waren erheblich. Zum Teil sind sie täglich drei Stunden gefahren, um ihn zu besuchen oder haben gleich mehrere Tage bei ihm gewohnt, weil der Weg für einen Tag zu lang war.

Ja, natürlich hoffen wir immer noch auf ein Wunder. Mit jedem Pflegeheim und besonders jeder Rehaeinrichtung mit bestimmten Vorzügen stieg die Hoffnung wieder mehr an. Wobei sich auch bei der Hoffnung die Intensität über die Jahre verändert hat. In den ersten Jahren war sie deutlich größer. Da ich die Fortschritte ja oft nur am Telefon miterlebe und zwischen meinen Besuchen gerne mal ein paar Wochen liegen, hatte ich gerade in den ersten Jahren oft das Gefühl, da tut sich gerade richtig viel. Denn meine Eltern hatten sich über jeden kleinen Fortschritt so gefreut, dass sie diesen gleich erzählt haben. Diese Informationen, addiert am Telefon, haben den Eindruck erweckt, dass sich richtig viel getan hat. Leider war dem meist nicht so. Wenn ich dann wieder zu Besuch kam, hatte ich für mich das ernüchternde Gefühl, dass sich eigentlich nicht viel getan hatte. Zumindest nicht viel, wenn man den Anspruch hat, irgendwann wieder den alten gesunden Bruder zurückhaben zu wollen. Oder zumindest einen leicht behinderten, aber dennoch irgendwie ansprechbaren neuen Menschen. Es war und ist für mich schwer zu akzeptieren, dass die Fortschritte, die er macht, in seinem Zustand stattfinden. Dass er den Weg aus dem Wachkoma immer noch nicht herausgefunden hat.

Trotzdem will ich gerne von den kleinen Fortschritten berichten. Im Laufe seiner Entwicklung habe ich immer mehr gelernt, mich auch an diesen zu freuen. Selbst wenn sie nur klein sind. Ich musste auch lernen, dass es nicht nur Fortschritte gibt. Die einen Fähigkeiten kommen, andere gehen. Mein Bruder konnte schon seine Zehen bewegen. Jetzt kann er es nicht mehr. Wir wissen nicht, ob es an der Spastik liegt, die die Beweglichkeit von Händen und Füßen stark beeinflusst. Um hier mehr Entspannung zu ermöglichen, wird Wachkomapatienten Baclofen gegeben. Ein Gift, was den Körper entspannt. Angenehmer wahrscheinlich für den Patienten, einfacher für die Pflege. Aber es ist eben ein Gift. Welches den Nachteil hat, dass es einschläfert. Wie soll man aufwachen, wie soll sich das Gehirn aktiv generieren, wenn man laufend sediert wird? Dennoch ist die Gabe von Baclofen immer eine Gratwanderung. Gibt man zu wenig, kommt es zu schmerzhaften Verkrampfungen. Von den gewünschten 100% der Klinik sind wir bis auf 0% runter. Das war dann zu wenig. Heute bekommt er 10% der empfohlenen Dosis. Damit sind zwar Arme und Füße angespannt, aber er ist sehr wach und lebendig, was wir als wichtiger einstufen als entspannte Gliedmaßen.

An ein Wunder grenzt die Fähigkeit meines Bruders zu lachen und sich in seiner Mimik sichtbar deutlich zu amüsieren. Ich weiß, dass er sich in dieser Fähigkeit von vielen anderen Menschen im Wachkoma unterscheidet. Um nicht zu sagen, wir finden, er ist nicht im Wachkoma, sondern hat ein Locked-In Syndrom. Eben weil er über diese Mimik auch Reaktionen zeigen kann.

Auf dem Weg bis heute haben wir uns darüber gefreut, dass er wieder eigenständig atmen konnte, dass das Schlucken irgendwann anfing, sicher zu funktionieren und er es manchmal bis fast auf einen Becher Joghurt bringt. Dies hängt aber auch heute noch stark von der Person ab, die diesen serviert und natürlich von der Geschmacksrichtung. Auch kann er seinen Kopf viel besser selbst halten.

Ein echter Durchbruch wäre es, wenn er es verlässlicher schaffen würde, sich mit Augenzwinkern zu verständigen. Wenn ihm Dinge wirklich, wirklich wichtig sind, dann macht er dies schon mal. Neulich berichtete mir der Pfleger am Telefon, dass Peter in der Therapie meinen Namen buchstabiert hätte. Mit so einer Buchstabentafel und Augenzwinkern beim richtigen Buchstaben. Mein Bruder war als Kind nie ein großartiger Schreiber, schlecht in Rechtschreibung, und allgemein war Schriftliches nicht sein Ding. Ich war erstaunt, dass er das mitgemacht hat, weil ich mir vorstellen kann, dass es für ihn völlig irrelevant ist, meinen Namen zu buchstabieren. Und es sicherlich viel Motivationsarbeit für die Therapeutin gebraucht hat, damit er da dran bleibt. Aber vielleicht liege ich da auch falsch, und er versteht sehr wohl und mit einer deutlicheren Dringlichkeit, dass er den Umgang mit der Buchstabentafel erst an einfachen Dingen üben muss, um sich später dann auch wirklich ernsthaft mit seinen Anliegen mitteilen zu können. Denn das wäre ein Wunder, ein echter Durchbruch, wenn eine Verständigung mit ihm möglich wäre. Diese Hoffnung habe ich auch nicht aufgegeben, dass er dies noch schaffen wird. Trotzdem ist auch die Arbeit mit der Buchstabentafel schleppend. Manchmal habe ich auch da das Gefühl, dass er nicht wirklich dranbleibt. Vielleicht auch die Therapie nicht stringent genug ist. Ich weiß es nicht. Das ist immer das Problem der Entfernung, des nicht nah dran seins. Ich will mich nicht in jedes Thema einmischen. Ich bin auch nicht der Meinung, dass ich es besser weiß. Ich weiß bloss, dass ich heute noch und die ganze Zeit manchmal ungeduldig bin. Ich will so gerne, dass sich was tut!

Die Hoffnung, dass er wieder der Alte wird? Der Bruder wie ich ihn vor seinem Unfall kannte? Die Hoffnung habe ich begraben. In vielen Momenten der Trauer habe ich meinen energiegeladenen Bruder, meinen großen Bruder, der mich viel geärgert hat, aber auch immer für mich da war, begraben. Begraben müssen. Das hat weh getan. Und tut heute auch noch weh. Aber nicht mehr in so einer schmerzhaften Dringlichkeit. Manchmal überkommt mich noch diese Trauer, aber selten und sie bleibt auch nicht mehr so lange bei mir.

Stattdessen habe ich jetzt einen schwerstbehinderten Bruder. Der hoffentlich noch viel lernt. Und sich vielleicht mal differenzierter mitteilen kann. Vielleicht lernt, seine Arme und Beine zu bewegen. Immerhin kann er schon viel besser seinen Kopf halten. Bei der Vorstellung, dass er wieder lernen würde zu laufen, verliere ich schon ein bisschen die Zuversicht…

Ich bin sicher, die Hoffnung wird wieder schlagartig steigen, wenn sich Entwicklungen in diese Richtung einstellen. Die gedämpfte Hoffnung schützt mich, damit ich nicht zu euphorisch an Entwicklungen denke und dann wieder enttäuscht werde. Die Vorstellung, dass er im wesentlichen so bleibt, wie er ist, ist nicht schön. Aber da er in diesem Zustand viel lacht, geht es ihm möglicherweise gar nicht so schlecht, wie ich das denke. Und mich schützt dieses Gedankenkonstrukt – von einem zufriedenen, schwerstbehinderten Bruder – davor, meine Hoffnungsfähigkeit laufend zu überstrapazieren. Auch wenn es diese kleine Hoffnungsstimme nach Veränderung immer geben wird.

IM WESEN BLEIBT ER SICH TREU

Mein Bruder ist heute ein Anderer. Man kann mit ihm in Kontakt treten, aber er ist eben nicht mehr der agile, sportliche Mann sondern ein Mensch, der sich kaum bewegen kann und sich eben auch nur sehr, sehr eingeschränkt mitteilt. Entsprechend fasziniert mich und alle anderen Besucher, die ihn gesund kannten, die Tatsache, dass er sich im Charakter treu geblieben ist.

Zumindest in einem wesentlichen Faktor, und ich bin sicher, wenn er irgendwann wieder lernt zu sprechen, dann auch in seinen anderen wichtigen Persönlichkeitsmerkmalen. Die Merkmale? Nun, vor seinem Unfall hat mein Bruder gern viel und ausgiebig witzige Dinge erzählt. Es war ihm eine Freude selbst zu lachen und andere Menschen zum lachen zu bringen. Dabei hat er auch manchmal ein bisschen zu viel geredet und ist übers Ziel hinausgeschossen. Aber immer mit der sehr positiven Absicht, andere Menschen zum lachen zu bringen. Und eben auch selber zu lachen, immerhin ist dies ja die beste Strategie, um andere zu erfreuen.

Gut zwei Jahre nach seinem Unfall haben wir uns mit ihm auf einen Familienurlaub nach Dänemark aufgemacht. Ich werde später auch nochmal ausführlicher über diese Reise berichten. Hier sind uns - im gemeinsamen Zusammenleben in einem Ferienhaus, seine lachenden Reaktionen zum ersten Mal aufgefallen. Vielleicht gab es sie auch schon früher. Aber hier waren sie besonders eindeutig. Den ersten Witz werde ich mein Leben nicht vergessen, wir haben ihn ca. 10.000mal erzählt. Einfach um immer wieder sein Lachen zu sehen. „Treffen sich ein Elefant und ein Kamel. Sagt der Elefant: Warum trägst du deine Titten auf dem Rücken? Sagt das Kamel: Wer seinen Pimmel im Gesicht trägt, soll mal schön den Mund halten". Er fand ihn total komisch. Weiter ging es mit allen möglichen unanständigen und gerne auch frauenfeindlichen Witzen. Auch wenn ich sonst so gar nicht in diesem Metier unterwegs bin, es war mir ein leichtes, unanständige Witze zu suchen und ihm diese zu erzählen. Gerade am Anfang ging für mich der Himmel auf, wenn er strahlend in seinem Rollstuhl sass. Sicherlich freue ich mich heute auch noch an seinem Lachen, aber es hat nicht mehr die Energie eines Wunders.

Am Anfang dachten wir zunächst, seine lachende Mimik sei Zufall. Und am Anfang war das Lachen auch nicht so leicht zuzuordnen, er hat wahrscheinlich selber noch geübt. Mittlerweile ist das Lachen ausgeprägter, manchmal brummt er vor Freude und verzieht sein Gesicht zu einem breiten Grinsen. Und wenn ein Witz schon zu oft erzählt wurde, dann kommt nur noch ein feines, fast ein bisschen gelangweiltes Grinsen, und wenn er reden würde, wäre ich sicher, dass er sowas wie: „Das ist Asbach!" von sich geben würde.

Mit dem Lachen haben wir übrigens auch viel erfahren, über sein Gedächtnis und welches Wissen in seinem Gehirn noch verfügbar ist bzw. auch neu dazukommt. Er lacht, wenn ich über unsere Mutter mit dem feuchten Waschlappen erzähle, eine Kindheitserinnerung, die wahrscheinlich viele Kinder vor der Erfindung von Feuchtetüchern erlebt haben. Er lacht auch über englische Witze, sein Fremdsprachenwissen scheint also auch noch vorhanden zu sein. Ganz spannend: Er findet auch Witze zum aktuellen politischen Geschehen witzig. Er verfolgt also im Radio und Fernsehen die aktuelle Politik. Und nimmt sie soweit auf, das er über politisches Kabarett lachen kann. So verbreitet sein Lachen für uns nicht nur unglaubliche Freude, sondern es ist darüberhinaus auch noch ein Zugang zu seinem Gehirn und seinen Gedanken.

Mein Bruder hat vor seinem Unfall viel geredet. Ich bin sicher, wenn er es schafft, seine Sprache wieder zu finden und wieder neu zu lernen, er wird uns ein Ohr abknabbern.

KOMMUNIKATION OHNE WORTE

Mich fragen es viele, manche finden es faszinierend und andere glauben es nicht. Ich sage es auch gleich vorweg: ich kann es auch nicht genau wissen. Aber ich glaube, dass ich mit meinem Bruder kommunizieren kann. Ich kann es nur glauben, denn bei den Antworten meines Bruders bin ich auf Blicke, auf Augenzwinkern und auf seltene Brummtöne angewiesen. Die machen Interpretationen, gerade wenn es darum geht, eine Eindeutigkeit erreichen zu wollen, natürlich sehr schwer.

Grundsätzlich rede ich mit meinem Bruder sehr viel. Ich erzähle ihm Dinge aus meinem Alltag und bin sehr motiviert, möglichst witzige Begebenheiten zu beschreiben, weil er dann lacht. Und dieses Lachen ist natürlich eine eindeutige und sehr schöne Reaktion. Dennoch bin ich irgendwann auch dazu übergegangen, auch nachdenkliche Geschichten mit ihm zu teilen. Die Versuchung ist groß, immer nur witziges zu erzählen, weil er dann lacht. Wenn ich selbst nachdenkliche Dinge höre, ist mein Gesichtsausdruck interessiert, aber eben nicht besonders spektakulär bewegt. Nun vermute ich, dass mein Bruder auch interessiert ist an nicht nur witzigen Ereignissen. Also teile ich auch diese und suche in seinen Augen und in seiner Mimik Reaktionen, die ich wahlweise mit Interesse, Neugierde und manchmal mit Langeweile interpretiere. Wenn ich letzteres erkenne oder auch nur vermute, frage ich auch schon mal nach. Peter hatte zu seinen wachen Zeiten so einen Spruch drauf, wenn ihn was gelangweilt hat. Er hat dann mitten in die Geschichte rein gefragt: Wo ist da der Bus? Diese Frage stelle ich heute dann stellvertretend für ihn. Manchmal grinst er dann übers ganze Gesicht und ich weiß, dass ich richtig gelegen habe. War also doch langweilig...

Bei ernsten Themen, die ihn interessieren, kann er sehr interessiert schauen. Beide Augen sind dann offen und schauen wach. Er schafft es dann oft, seinen Kopf gerade zu halten und signalisiert mit seiner ganzen Mimik, dass ihn das Thema interessiert. Ich habe dann manchmal das Gefühl, er platzt fast, weil er selbst nicht reden kann.

Natürlich haben wir auch viele verschiedene Methoden versucht, um eine weitergehende Kommunikation mit Peter zu ermöglichen. Zunächst mit Augenklimpern. Zweimal klimpern heißt ja. Nichts tun nein. Wenn es Dinge gibt, die ihm wirklich wichtig sind, dann funktioniert das auch. Die Entscheidung, ob es nun ein Himbeer- oder Schokoladenjoghurt sein soll, lockt dagegen keine Bewegung in ihm hervor. Das macht für ihn keinen ausreichend großen Unterschied, um sich anzustrengen. Mit dem Augenklimpern hat dann auch die Logopädin versucht, ganze Worte über eine Buchstabentafel zu bilden. Ein bisschen geht das auch, aber von einer ernstzunehmenden Kommunikation kann man leider nicht sprechen.

Große Hoffnung hatten wir mit einem augengesteuerten Computer. Meine Mutter meint auch immer, er würde damit ganz viel machen. Immer wenn ich ihn beobachte, erlebe ich das eher als unspezifisches Starren auf den Bildschirm. Nicht dass ich das nicht auch von anderen Menschen kennen würde. Aber auch dort würde ich die Tätigkeit nicht unter Kommunikation zusammenfassen. Allerdings finde ich es selbst eher schwer, diesen Computer mit den Augen zu steuern. Ich hab es natürlich ausprobiert und selbst bei mir kam das nur sehr unspezifisches raus. Aber vielleicht habe ich auch nicht lange genug geübt.

Ob man mit Peter in Kontakt treten kann oder eben nicht, hängt anscheinend nicht nur von seinem Interesse, sondern auch vom Bekanntheitsgrad der Person ab. Mein Mann, der Peter erst im kranken Zustand kennengelernt hat, hat große Schwierigkeiten, etwas aus der Mimik meines Bruders herauszulesen. Die beiden haben sich eben auch erst nach dem Unfall kennengelernt. Trotzdem schaut Peter interessiert, wenn ich Thomas beispielsweise küsse oder etwas Spannendes über ihn erzähle. Spannend waren auch seine ersten Musterungen meines Freundes, als ich ihn zum ersten Mal ins Krankenhaus mitgebracht hatte. Damals war mein Bruder etwa ein dreiviertel Jahr im Wachkoma. Es war für mich eine der ersten deutlichen „Beweise", dass er sehr genau mitbekommt, wer hier gerade auftaucht. Thomas wurde von oben bis unten gemustert, geradezu unverschämt offen. Der neue Freund der Schwester hatte ein hohes Aufmerksamkeitspotential bei meinem Bruder hervorgebracht.

Richtig wenig Reaktion zeigt Peter bei irgendwelchen Gutachtern, die feststellen wollen, ob er ansprechbar ist. Hier fällt die Bewertung regelmäßig negativ aus. Das ist für mich auch kein Wunder. Ein Gutachter, der Peter für eine Stunde besucht, ist für ihn gänzlich uninteressant. Wenn er wenigstens im pinken Minirock erscheinen würde und dann ein bisschen Stand-up Comedy präsentieren würde, dann würde mein Bruder vielleicht lachen. Aber nur auf den Satz „Peter, können Sie mich hören?" zeigt mein Bruder keine Reaktion. Auch wenn es für die Gutachten nicht förderlich ist, ich finde es ja irgendwie auch sympathisch.

Wenn ich ihn besuchen komme, ist das ganz anders. Das bestätigen auch alle PflegerInnen. Ich glaube fest daran, dass meine Worte bei meinem Bruder ankommen und ich über seine ganze Mimik und sein manchmal etwas ungesteuertes Handeln trotzdem ein Gefühl dafür bekomme, ob er das, was ich sage, gut findet oder eben auch nicht. Ich weiß, das ist wenig, aber doch mal mehr als gar nichts.

WIE ANDERE MIT PETERS UNFALL UMGEHEN

Was mich mit Peters Unfall am meisten anstrengt? Die Reaktion von Mitmenschen, wenn sie zum ersten Mal vom Schicksal meines Bruders hören. Sie sind so betroffen, dass man als eigentlicher Betroffener schnell damit beschäftigt ist, die Nicht-Betroffenen zu trösten. Absurd, oder?

Wenn ich gedanklich die Perspektive wechsle, kann ich die Reaktion verstehen. Ich hätte mir in meinem gesunden und erfolgreichen Leben auch einen Schicksalsschlag wie diesen nicht vorstellen können. Ja, ich hätte dies auch als katastrophal wahrgenommen und mir im ersten Moment nicht vorstellen können, dass man so einen Unfall und so eine Katastrophe nur irgendwie ertragen kann.

Meine Lebenserfahrung aus diesem Schicksalsschlag macht mir deutlich, wie sehr man an seinen Herausforderungen wächst. Unsere Familie hat gelernt, mit diesem Schicksalsschlag umzugehen. Wir haben es gelernt, wieder gemeinsam zu lachen, Spaß zu haben, glücklich zu sein, aber eben auch traurig. Um nicht zu sagen, eine gewisse Grundtrauer ist sicherlich bei uns allen immer da. Trotzdem haben wir unsere Wege gefunden, teils gemeinsam, teils alleine. Emotional sind wir alle sehr unterschiedlich unterwegs, deshalb kann und möchte ich nur meinen Umgang beschreiben.

Unmittelbar nach dem Unfall war da zunächst Fassungslosigkeit und Entsetzen. Gepaart mit der Hoffnung, dass dieses Drama schnell wieder vorbei ist und mein Bruder aufwacht und wieder gesund wird. Das Prinzip Hoffnung war riesengroß.

Der Gedanke, er wird bald wieder aufwachen, schwand dann mit der Zeit. Und damit setzte dann die Trauer ein. Die Trauer um meinen gesunden Bruder, den ich erstmal verabschieden musste. In dieser Phase erinnere ich mich aber auch an sehr bewusste Momente, die ich aus meinem Leben vorher so nicht kannte. Auf dem Weg zur Arbeit habe ich Freude verspürt, dass ich leben darf. Dass ich gesund bin und hier gerade Fahrrad fahren darf. Ich hätte es meinem Bruder auch gern gegönnt, aber sein Unfall hat mir vor Augen geführt, wie dankbar ich für dieses Leben sein darf. Jeden Tag. Denn es kann eben ganz schnell anders sein. Mit diesem Bewusstsein haben sich auch immer wieder sehr schöne Glücksmomente in meinem Leben ergeben. Vorher war so viel selbstverständlich. Danach habe ich Momente des Glücks viel intensiver erlebt.

Wie es Peter geht? Für ihn war sein Autounfall sicherlich eine Katastrophe. Grundlegend lebensverändernd. Ich könnte gut verstehen, wenn er nicht mehr würde leben wollen. Aber ich glaube, dass es da eine andere Wahrnehmungsdimension geben muss, die ich mit meinem beschränkten Bewusstsein vielleicht gar nicht erfassen kann. Denn mein Bruder ist erstaunlich zufrieden. Er befindet sich seit über einem Jahrzehnt in einem Zustand mit minimalster Kontrolle über seinen Körper. Er kann, wenn er Lust hat, mit seinen Augen kniepen und Zeichen geben. Und er kann lachen und weinen. Letzteres ist ein richtiger Segen. Weniger das Weinen als das Lachen. Zumal er meist nur lacht. Bei fast jedem Witz, bei jeder Erinnerung an unsere Kindheit und jeden blöden Spruch, den wir irgendwann in unserem Leben etabliert haben. Er kann auch weinen. Wenn ihm etwas weh tut, zeigt er Schmerzen mit Mimik. Und es gibt auch Momente, in denen er traurig ist und weint. Diese sind erstaunlich selten. Wenn ich mir diese emotionalen Regungen von ihm anschaue, dann komme ich zum Ergebnis, dass meine Bewusstseinsmöglichkeiten beschränkt sein müssen. Wenn ich ihn von außen anschaue, würde ich an seiner Stelle nur heulen. Stattdessen lacht er über den nächsten Witz, den ich ihm erzähle.

All dies versuche ich zu vermitteln, wenn ich Menschen erzähle, was uns widerfahren ist. Einfach weil ich diese dramatischen Blicke nicht ertragen kann. Weil ich es nur schwer aushalte, wenn Menschen mit bewegter Stimme so was sagen, wie „Das ist ja eine Katastrophe". Ich weiß, für sie ist das in dem Augenblick so. Ich hätte vor dem Unfall genauso reagiert. Aber ich kann es nicht mehr hören. Vielleicht möchte ich es auch einfach nicht als Katastrophe wahrnehmen müssen. Vielleicht muss ich das Positive sehen können, um gut weiterleben zu können.

Eine Konsequenz ist auch, dass ich nur selten von meinem Bruder erzähle. Man muss mich gut kennen, damit ich von meinem Bruder und seinem Zustand berichte. Manchmal ist es nicht vermeidbar. Manchmal erlebe ich mich dann geradezu defensiv. Ich erzähle gleich von unserem Umgang und meinen Gedanken damit. Um betroffene Blicke irgendwie zu vermeiden. Aber in den meisten Fällen schweige ich. Das macht dann in vielen Situationen auch einsam oder ich fühle mich nicht ganzheitlich. Ich lerne Menschen kennen, ich teile viel mit ihnen, aber eben einen Aspekt, der mein Leben doch deutlich mitbestimmt, spare ich über lange Strecken aus. Das ist zwar auch nicht toll. Aber die Erfahrung zeigt, dass sonst in den meisten Fällen nur noch ganz viel über das Schicksal meines Bruders gesprochen wird und das auch noch mit betroffener Miene. Da nehme ich in den meisten Fällen eben eine bestimmte Art der Einsamkeit in Kauf.

URLAUB MIT PETER

Wachkomapatienten brauchen viele Eindrücke. Je mehr Anregungen das Gehirn bekommt, desto mehr wird es angeregt, wieder neue Verbindungen aufzubauen. So die Theorie aus der Neurologie, die ich sehr schlüssig finde.

Damit mein Bruder sich an alte Zeiten erinnern kann und neue Eindrücke bekommt, haben wir ihn an unseren gemeinsamen alten Ferienort nach Dänemark mitgenommen. Es war ein kleines Abenteuer. Ich nehme es auch gleich vorweg, ich bin sehr unsicher, ob der Aufwand im richtigen Verhältnis zum Nutzen bzw. zu Peters Anstrengungen gestanden haben. Wir hatten uns erhofft, dass die vielen Erinnerungen an Urlaube in Dänemark bei ihm einen Prozess des Aufwachens verstärken könnten. Was den Aufwand angeht, haben wir uns im Vorfeld vielleicht weniger Gedanken als nötig gemacht, aber vielleicht war das auch ganz gut. Denn sonst hätten wir es nicht in Angriff genommen, glaube ich.

Zunächst war da seine Reise. Er musste vom Rheinland nach Dänemark gefahren werden. Das geht in großen Krankentransportern ganz gut, aber es ist natürlich eine lange Reise. In seinem Fall wurde in Hamburg eine Pause eingeplant, so dass er sich ausruhen konnte und sein Körper auf einem Bett eine Weile gestreckt ruhen konnte. In Dänemark hatten wir ein sehr großes Ferienhaus gemietet, als der Krankentransporter mit meinem Bruder im Rolli ankam, stellte sich aber schnell raus, dass die Haustür leider – trotz barrierefreiem Haus – für den breiten Rollstuhl meines Bruders zu schmal war. Der Schreck war erst mal groß. Glücklicherweise gab es noch eine Tür zur Terrasse raus, die breit genug war. Bis wir das herausgefunden hatten, waren wir einen kleinen Augenblick lang leicht panisch. Die Unterkunft selbst war für ihn vielleicht auch nicht optimal. Er musste im Wohnzimmer schlafen. Auf der anderen Seite hat er dadurch sehr viel mitbekommen, von daher bin ich nicht ganz sicher, ob dies tatsächlich ein Manko war. In jedem Fall, nach langer Reise war er glücklich in seinem Schlaf- und Wohnzimmer angekommen.

Nun konnte der Urlaub beginnen. Was für Peter bestimmt schön war, war der Umstand, dass wir alle zusammen bei ihm waren. Wir hatten zwei Wochen lang nicht eine Besuchssituation, bei dem er für einige Stunden in seinen Räumlichkeiten besucht wird, sondern er war mittendrin. Die Küche war gleich nebenan, seine kleinen Nichten kletterten am liebsten auf ihn drauf (na gut, mit Hocker wurde vorsichtig der Körperkontakt gesucht, wenn er im Bett lag) und bei den Mahlzeiten und bei Ausflügen zum Strand war er in seinem Rollstuhl immer mit dabei. Eine Pflegerin war extra mitgereist, sie kümmerte sich um die Pflege und achtete auch darauf, dass wir ihn nicht überforderten. In der Hinsicht war der Urlaub ein Erfolg für ihn. Und für uns auch. Wir hatten ganz andere Möglichkeiten mit ihm in Kontakt zu treten. In diesem Urlaub haben wir auch seine Fähigkeit zu lachen entdeckt. Und ihm immer wieder dieselben Witze erzählt, aber davon hab ich ja bereits berichtet. Insgesamt haben wir in diesem Urlaub auch als Familie gelernt, uns anders zu verstehen und eben einen schwerstbehinderten Bruder in unsere Reihen zu integrieren.

Nicht ganz sicher waren wir uns, wie sehr alte Erinnerungen auch sehr viel Trauer weckten. Er war derjenige, der mit Leidenschaft Lenkdrachen am Strand geflogen hat, er ist immer so gerne in die Wellen gesprungen und er war derjenige, der gerne stundenlang am Strand gewandert ist. Jetzt konnte er diese Aktivitäten alle aus seinem Rollstuhl sehen, aber er konnte eben nicht teilhaben. Manchmal hat er sehr traurig geschaut, wir waren uns dann nicht sicher, ob es gut ist, ihm diese alten Erlebnisse zu präsentieren. Wir hatten die Hoffnung, dass dies Anreiz sein könnte, wieder mehr ins aktive Leben zurückzukommen. Aber vielleicht ist dies auch schlicht nur eine Überforderung, die keine Energien weckt, sondern nur Frust erzeugt.

Schwierig wurde es zum Ende des Urlaubs. Peter bekam eine Lungenentzündung und musste nun in das nächste Krankenhaus gebracht werden. Dort wurde er gut behandelt, er musste dort solange bleiben, bis er wieder transportfähig war. Dies war nach einigen Tagen der Fall, aber natürlich war die ganze Aufregung für ihn und uns sehr anstrengend. Obwohl ich dänische Krankenhäuser und die Fürsorge für meinen Bruder toll fand.

Mein Fazit von der Reise: Viel Aufwand und leider zu wenig Erfolg. Zumindest wenn man den Erfolg am Prozess des Aufwachens festmacht. Natürlich war es ein Erfolg, dass wir mit ihm zwei Wochen zusammen in Urlaub waren. Es war auch ein Erfolg, dass wir wieder mehr lernen konnten, in eine gemeinsame Normalität zu kommen. Aber es war für uns auch ein großer Aufwand. Mein Mann und ich sind ohnehin nicht so richtig Freunde von Großfamilienaufenthalten in Ferienhäusern. Unabhängig von meinem Bruder sind die Erwartungen, wie man am besten zusammenlebt, über die Jahre doch sehr unterschiedlich geworden.

Dem Fazit folgend, sind wir in den darauffolgenden Jahren dazu übergegangen, nicht mehr zusammen Urlaub zu machen. Meine Eltern fahren mit meinem Bruder immer mal an verschiedene Orte, wo für Wachkomapatienten eine spezielle Wassertherapie angeboten wird. Das ist dann sozusagen sein Urlaub. Im letzten Sommer haben mein Mann und ich meinen Bruder auf eine Schiffstour auf dem Rhein und der Mosel begleitet. Ein super Angebot vom Deutschen Roten Kreuz für Behinderte und deren Angehörige.

Ansonsten aber machen wir Urlaub ohne ihn, manchmal aber mit meinen Eltern. Hier kann dann mal ein bisschen abgeschaltet werden und das ist für uns gesunde Angehörige ja auch sehr zentral.

MEIN UMGANG MIT DER TRAUER

An den meisten Tagen in meinem Leben lebe ich normal, manchmal mit sehr viel Freude, manchmal im Alltagstrott und manchmal auch angestrengt. Ich habe noch nicht genau beobachtet, wann mich die Trauer am besten erreicht. Mein Eindruck ist, sie kommt unvermittelt und zu den unterschiedlichsten Momenten. Garniert mit schlechtem Gewissen, weil ich gerade viel Spaß habe, oder verstärkt durch meine eigene Erschöpfung. Plötzlich ist sie da! Und ich werde traurig, bin – obwohl hunderte von Kilometern weg – meinem Bruder ganz nah und leide mit ihm, vielleicht sogar nur für ihn.

Kurz nach dem Unfall war sie heftig. Ich musste viel weinen, ich hatte das Gefühl sie war immer da. Ob ich mit Geschäftspartnern verhandelte oder abends vorm Fernseher saß, die Trauer war dabei. Sie war so wichtig, dass ich einige berufliche Verhandlungen in den Sand gesetzt habe. Es war mir nicht mehr wichtig, über irgendwelche Preise engagiert zu streiten. Nach einiger Zeit hat diese intensive Trauer nachgelassen, es kam eher eine Phase von Erschöpfung, bei der ich auch mal sechs Wochen krank geschrieben wurde, weil ich einfach nicht mehr konnte. Danach habe ich auch in meinem Leben nochmal einige Veränderungen vorgenommen. Aber dazu später mehr. Die akute Trauer wich einer chronischen. Die nicht immer da ist. Aber eben oft.

Vor seinem Unfall war ich emotional nicht besonders bewusst aufgestellt. Mein Therapeut hatte damals viel zu tun, mich in einer differenzierten Beschreibung von Gefühlen zu üben. „Fühlt sich nicht gut an". Das muss doch reichen, oder? Heute kenne ich die Trauer besser. Ich muss sie auch nicht mehr wegschicken. Ich muss mich nicht ablenken. Zumindest wenn es zeitlich gerade passt. Manchmal wird sie auch weggeschickt, ich bin dann aber sicher, dass sie wiederkommt. Trotzdem will ich handlungsfähig bleiben können.

Wenn die Trauer da ist, dann ist sie da. Manchmal ist es ein diffuses Gefühl, ich muss dann erst darüber nachdenken, ob sie mit meinem Bruder in Kontakt ist oder ob ich über andere Dinge im Leben traurig bin. Kommt ja nun auch manchmal vor. Und manchmal haut sie mich auch heute noch, im ersten Augenblick, ein bisschen um. Dann bin ich immer noch überwältigt von der Tatsache, dass sich mein Bruder seit über einem Jahrzehnt nicht bewegen kann, dass er nicht sprechen kann und dass sich sein Leben so radikal verändert hat.

Wie damit umgehen? Ich kann Trauer nur aushalten. Warten, bis sie wieder vorbeigeht. Solange meinem Bruder auf besondere Art verbunden sein. Und dann geht sie irgendwann wieder. Sie ist auch nicht mehr so lange bei mir. Ich habe in den Jahren natürlich auch die einen oder anderen kleinen Gedanken entwickelt, mit denen ich die Trauer nicht verjagen, aber doch ein bisschen relativieren kann. Ob ich an das Lachen meines Bruders denke oder spirituelle Vorstellungen aktiviere, dass eben doch im Leben alles seinen Sinn hat, auch wenn ich dies grad nicht verstehe.

Eine wesentliche Lernerfahrung ist die Trauer auszuhalten. Sie nicht wegzudrücken, nicht diszipliniert mich mit Aktivitäten abzulenken. Sondern zu akzeptieren, dass sie jetzt da ist und dass sie sich auch nicht gerade gut anfühlt. Aber dass sie jetzt trotzdem da ist. Und auch wieder gehen wird. Das war am Anfang nicht so und irgendwann hatte ich den kognitiven Gedanken: Ich brauche jetzt aber einfach mal Zeit, um richtig traurig zu sein. Klappt nicht. Die Trauer mit dem Kopf einzuladen hat bei mir gar nichts gebracht. Ich habe mir Zeit genommen und gedacht, ich müßte jetzt nochmal traurig sein. Das ging bei mir gar nicht. Sie hat mich aber trotzdem gefunden. Ich durfte sie kennen-, nicht unbedingt lieben lernen, das wäre gelogen. Ich vermute auch, dass sie sich vielleicht weiter verändert. Aber wahrscheinlich nicht mehr geht. Sie gehört wohl zu meinem Leben dazu.

Es sei denn, und da gibt es immer noch die winzige Stimme der Hoffnung, mein Bruder wacht irgendwann auf. Sein Gehirn repariert sich soweit, dass an eine ernstzunehmende Gesundung zu denken ist. Mit jedem Jahr länger im Wachkoma wird diese Hoffnung kleiner. Aber sie ist noch da, auch wenn die Wahrscheinlichkeiten eben immer kleiner werden.

WIE ICH MICH VERÄNDERT HABE

Leben verändern sich. Ob mit oder ohne besondere Ereignisse. Veränderungen geschehen, und sie sind oft nicht einem speziellen Ereignis zuzuordnen. Deshalb kann ich auch nicht definitiv sagen, ob sich mein Leben nicht vielleicht genauso verändert hätte, wenn der Unfall meines Bruders nicht passiert wäre. Vielleicht bilde ich mir vieles ein, um dem Schicksal meines Bruders zumindest für mich etwas Gutes abgewinnen zu können. Schwer zu sagen, zumal dann immer gleich das schlechte Gewissen aufkommt, dass das doch nicht auch noch sein darf, dass jetzt die Schwester „Profit" aus dem Unglück des Bruders zieht. Aber ist das wirklich so? Ich glaube, mein Bruder wünscht mir, dass ich glücklich bin und wenn die Situation anders herum wäre, würde ich meinem Bruder auch alles Glück der Welt wünschen. Zumal eine liebevolle Begleitung und Kontaktaufnahme in meinen Augen viel besser funktioniert, wenn es nicht zu Vorwürfen, Neid oder kruden Solidaritätsvorstellungen kommt.

Also, was hat sich verändert?

Zum Zeitpunkt des Unfalls habe ich als Geschäftsführerin in einem Verlag gearbeitet, hatte eine Affäre mit einem Mann, der selber Hartz 4 Empfänger war und wir hatten beide das Gefühl, unser Zusammensein eher als Affäre als als Partnerschaft zu führen, weil die Lebensunterschiede so verschieden waren. Wobei ich ihn sehr mochte und mich damals sehr nach einer Partnerschaft gesehnt habe. Aber ich war auch gefangen in einem gewissen Leistungs- und Statusdenken. Im Nachhinein fühlt sich das richtig blöd an, aber damals war das so. Ich machte mir Sorgen, wie ich diesen Mann meinen Eltern vorstellen sollte, wie er mit meinen Freunden zurechtkommt usw. Nach dem Unfall war dies alles anders. Ich brauchte jemanden, bei dem ich traurig sein durfte, schwach und so gar nicht leistungsorientiert. Dafür war Thomas genau der Richtige.

Obwohl wir zwischendrin nochmals eine Beziehungsauszeit vereinbart hatten, kam er immer wieder, ich konnte weinen und wir haben lange Spaziergänge gemacht, in denen ich reden und reden und reden konnte. Und manchmal auch schweigen. Wir sind dann auch wieder zusammengekommen, meine Eltern hatten nie Schwierigkeiten mit ihm. Thomas wurde nicht nach seinem Beruf, seinem Erfolg und Status bewertet, es zählte allein, dass wir füreinander da waren und offensichtlich glücklich waren und sind. Das ist übrigens heute noch so, Thomas ist seit 5 Jahren mein Ehemann.

Schwierigkeiten bekam ich schleichend in meinem Beruf. Es war gezeichnet von vielen Meetings mit Geschäftspartnern und Partnergesellschaften. Dort wurde um viel geschachert und meine Aufgabe war dort, munter mit zu handeln. Ein bisschen Sandkasten für Große. Und ich fand es plötzlich so unwichtig. Ich saß viele Sitzungen lang schweigend da, meine Leidenschaft für dieses Geschäft schwand immer mehr dahin. Am Anfang fiel das nicht mal mir auf, wahrscheinlich meinen Kollegen auch nicht.

Ich habe meine Stelle auch immer häufiger in Frage gestellt. Sie war ein bisschen eine Notlösung. Nach meiner vorherigen Stellung wollte ich bereits 2004 eigentlich Coach werden. Dann bekam ich dieses attraktive Angebot, einen Verlag als Geschäftsführerin zu übernehmen. Mit einem ordentlichen Gehalt, mit Sicherheit und mit zwar gestaltbaren, aber doch relativ definierten Aufgabenbereichen. Der Wunsch Coach zu werden, wurde erstmal zurückgestellt. Mit dem Unfall kamen mir immer mehr Zweifel, ob es das ist, was ich wirklich machen will. 2007 schrieb mich mein Arzt für 6 Wochen krank, ich war erschöpft, ich wusste nicht mehr weiter und hatte im Büro das Gefühl, nicht mehr klar denken zu können. In dieser Zeit wuchs der Entschluss – trotz aller wirtschaftlichen Ängste – mich selbständig zu machen. Vielleicht hätte ich das in jedem Fall gemacht, aber mir war soviel klarer, dass ich nicht auf ewig warten will, bis ich meine Träume verwirkliche. Und dass ich Wege finden werde. Und vieles vielleicht auch nicht mehr wichtig war. Peter hatte mir mit seinem Unfall drastisch vor Augen geführt, dass alles ganz schnell anders sein kann. Ich wollte nicht mehr warten!

Selbst meine Eltern waren nur moderat entsetzt, als ich ihnen verkündete, dass ich kündigen werde. Vielleicht, weil sie viel zu sehr mit der Betreuung von Peter beschäftigt waren. Vielleicht aber auch, weil auch sie mehr das Gefühl entwickeln konnten, nicht nur nach vermeintlicher Sicherheit zu streben, sondern Dinge zu tun, die einem wirklich wichtig sind. Sie haben mich gewähren lassen. Sicherlich nicht mit viel Begeisterung für diesen Schritt. Aber eben auch nicht mit Vorwürfen oder mit Ratschlägen, es nicht zu tun.

Nun bin ich seit vielen Jahren Coach und ich habe in meiner Arbeit von vielen Dramen aus den Leben anderer Menschen gehört. Denn nicht alle Klienten kommen mit einem einfachen Führungsproblem zu mir, sondern ich habe eben auch Klienten, die Selbstmorde der Eltern verkraften mussten, die geschlagen oder missbraucht wurden, denen der Partner verstorben ist und und und. Ich kann mir die Schicksalsberichte emphatisch anhören und solidarisch mitfühlen, ich kann mich mit ihnen neugierig auf den Weg in die Zukunft machen. Da ist bei mir kein Gefühl aus der Reihe, das könnte ich nie aushalten. Ich halte auch schon viel aus und aus der eigenen Erfahrung, dass das dann eben doch geht, ziehe ich Kraft, andere zu ermutigen und zu unterstützen. Nicht mit der (manchmal aufgesetzten) Leidenschaft man könne alles im Leben erreichen. Sondern eher mit dem Wissen, das Beste aus der gegebenen Situation zu machen. Und dem Wissen, dass wir im Leben wirklich viel ertragen können.

Insgesamt würde ich sagen, dass mein Leben deutlich mehr Tiefgang hat. Ich lasse mehr Emotionen zu, auch die traurigen. Und ich bin längst nicht mehr so gefangen in gesellschaftlichen Vorstellungen, was man so zu tun habe und wie man sich geben müsse.

GEDANKEN AN DEN TOD

Am Tag des Unfalls war er nah, der Gedanken an den Tod. Immerhin wurde mir zunächst fehlerhaft durch Klaus zunächst weinend und schreiend der Tod von Peter bekanntgegeben. Erst ein paar Stunden später kam noch ein Anruf, in der Klaus die erste Nachricht richtigstellte. Er hatte in der ersten Panik nicht genau zugehört. Die Polizei hatte nicht gesagt: Ihr Bruder ist tot, sondern ihr Bruder ist *fast* tot. Ein kleines Wörtchen, dennoch ein zentraler Unterschied. Für knapp zwei Stunden war mein Bruder gedanklich für mich tot. Eine furchtbare Situation. Und Erleichterung pur als der zweite Anruf kam.

Im Laufe der Jahre gab es manche Momente, in denen ich schon auch anders gedacht habe. Wäre es nicht vielleicht für alle Beteiligten besser gewesen, wenn er gestorben wäre? Ich weiß, bei solchen Gedanken leuchten gleich kleine Verbotsschilder im Kopf auf. So was darf ich doch nicht denken. Aber sie sind da, diese Gedanken. Ich trau mich auch hier dieses heikle Thema anzusprechen. Wäre mein Bruder direkt beim Unfall gestorben, es wäre für uns ganz schrecklich gewesen. So unmittelbar. Aus seinem aktiven Leben. Gerade mit einer neuen Freundin. So viel zerstörte Hoffnung. Ich kann es auch heute noch nicht in Worte fassen, wie schrecklich ich mir diesen Moment vorstellen würde. Und dennoch, aus der Trauerforschung weiß ich, wir wären einige Jahre durch eine Trauerphase hindurchgegangen. In unterschiedlicher Intensität. Wir wären sicherlich als veränderte Menschen herausgekommen. Aber wir wären herausgekommen. Und hätten ein Leben weiterleben können. Unser Leben. Nach so vielen Jahren Sorge um meinen Bruder bin ich mir nicht sicher, ob dieses Los nicht vielleicht sogar weniger schlimm gewesen wäre. Obwohl ich einschränken will, dass ich dies natürlich jetzt gut sagen kann, nachdem ich viele, viele ernüchternde Momente mit meinem Bruder erlebt habe. Wäre er von uns gegangen, hätte ich nicht gewusst, was wir verpassen würden. Und wäre wahrscheinlich noch viel unendlich trauriger gewesen.

In der Familie meines Mannes kam es vor einigen Jahren zu einem ähnlichen Vorfall. Bei der Schwester meiner Schwägerin war ein Aneurysma im Kopf geplatzt. Die Mutter und Schwestern trafen die schwierige Entscheidung, sie nicht wiederzubeleben, sondern gehen zu lassen. Ich habe lange mit meiner Schwägerin gesprochen und sie meinte, mein Bruder sei für sie schon ein Beispiel gewesen, was sie ihrer Schwester ersparen wollten. Ich kann die Entscheidung verstehen.

Ich will auch nicht verschweigen, dass das Thema Tod auch jetzt immer noch eine Rolle in meinem Kopf spielt. Es ist ein theoretischer Gedanke aus drei Gründen. Einmal einen ganz formalen. Sterbehilfe ist in Deutschland verboten. Zweitens wären meine Eltern strickt dagegen. Drittens ist am wichtigsten: Ich würde es nicht übers Herz bringen. Vielleicht wäre der Tod für meinen Bruder eine Erlösung. Ich könnte definitiv positiver in die Zukunft schauen. Aber wer bin ich zu entscheiden, das Leben meines Bruders zu beenden? Ich kann es nicht entscheiden, zumal seine eigenen Nachrichten mir da zu widersprüchlich sind. Könnte er klare und wirklich eindeutige Signale senden, dann wäre es vielleicht noch was anderes. Wenn er denn sagen würde, dass er sterben will. Ich schätze, man würde diese Aussage nicht mal zu hören bekommen. Oder bin mir nicht sicher. Aber selbst wenn er sterben würde wollen, wäre dies immer noch aktive Sterbehilfe. In Deutschland verboten. Mit ihm in die Schweiz fahren. Ach, das würde alles zu absurd werden.

Wenn er aus natürlichen Gründen sterben würde? Dann würde ich hoffen, dass der Weg in den Himmel kein schmerzhafter ist. Also besonders der Abschied aus dem eigenen Körper. Und ich würde um ihn trauern. Um meinen gesunden Bruder habe ich schon viel getrauert, er ist nur noch eine Erinnerung. Um den kranken

Bruder würde ich auch trauern. Besonders um die vergebene Hoffnung, dass er vielleicht wieder aufgewacht wäre. Aber ich gebe auch zu, ich wäre auch sehr erleichtert. Vielleicht sind das verbotene Gefühle, aber sie sind einfach da.

WIE WIRD MEIN LEBEN WEITERGEHEN?

Nun habe ich bereits beschrieben, wie sich vieles in meinem Leben zum Guten gewendet hat. Ich bin mutiger geworden, ich habe den Schritt in die Selbständigkeit gemacht und mich für eine dauerhafte Partnerschaft entschieden. Vieles hat sich gut gefügt. Trotzdem würde ich lügen, wenn ich behaupten würde, dass ich vertrauens- und erwartungsvoll in die Zukunft schauen würde. Dazu ist mit meinem Bruder einfach zu viel unklar.

Vor ein paar Jahren haben meine Eltern meinem Bruder ein Haus bei sich im Rheinland gebaut. Wunderschön, genau auf die Bedürfnisse meines Bruders abgestimmt. Ich lebe in Berlin, das Haus steht im Rheinland, meine Eltern gehen beide auf die 80 zu. Mein anderer Bruder lebt mit Frau und drei Kindern und festem Job inzwischen in der Schweiz. Naheliegend, dass alle davon ausgehen, dass ich mich dann irgendwann um meinen Bruder kümmern werde. Hier werde ich dann mit unterschiedlichen Erwartungen konfrontiert. Die Maximalerwartung: Ich ziehe ins Rheinland und kümmere mich wahlweise um meinen Bruder oder auch noch um meine Eltern. Nebenbei könne ich ja auch noch ein bisschen coachen.

Mir ist klar, ich möchte und kann diese Erwartung nicht erfüllen. Es würde sich anfühlen, als ob ich mein ganzes Leben aufgebe. Zumal mein Mann sehr deutlich sagt, dass dies für ihn eindeutig keine Option wäre. Wir sind uns da sehr einig. Wir haben in Berlin ein fantastisches Umfeld, meine Klienten leben überwiegend in Berlin und wir fühlen uns in diesem Leben sehr wohl. In der Absolutheit würde sich ein Umzug ins Rheinland wie ein viel zu großes Opfer anfühlen.

Dennoch werde ich mich der Herausforderung stellen müssen. Meine Eltern haben den Korb da sehr hoch gehängt, indem sie meinen Bruder neben seinen Pflegekräften sehr gut versorgen, täglich besuchen und in gewisser Form eine Art Symbiose mit ihm eingegangen sind. Dem werde ich nie gerecht werden können. Also spiele ich Optionen durch, mit denen ich umgehen könnte. Aber ich sag es gleich vorweg, alle haben einen Hinkefuß. Eine perfekte Antwort habe ich nicht.

Eine Option wäre natürlich, Peter nach Berlin zu holen. Es hätte den Vorteil, dass ich ihn dann täglich besuchen könnte, ohne mein soziales Umfeld aufzugeben. Es hätte den Nachteil, dass Peter nicht mehr im eigenen perfekten Haus leben könnte. Ich müsste hier in Berlin andere Lösungen finden, entweder ein Pflegeheim oder eben auch wieder eine Wohnung mit 24 Stunden Betreuung. Dazu kämen sicherlich umfangreiche Verhandlungen mit Peters Berufsgenossenschaft, die einen Teil des Umbaus mitfinanziert haben. Ich bin mir auch klar darüber, dass ich bei dieser Variante nicht mit meinem bisherigen Engagement arbeiten könnte. Schon weil viel Zeit für Besuche drauf geht.

Alternativ könnte Peter mit seinen Pflegekräften im Rheinland bleiben und ich komme ihn vielleicht alle sechs Wochen bis einmal im Monat besuchen. Dabei würde vielleicht das eine oder andere schiefgehen, aber es könnte vielleicht laufen. Eine Variante mit Kompromissen, die ich aber lange als fast wahrscheinlichste Variante angenommen habe.

Zentral war es für mich, mich von der alleinigen Verantwortung für die Zukunft von Peter frei zu machen. Nur weil es da einen

Automatismus zu geben scheint, muss ich diesen für mich ja nicht annehmen. Da gibt es auch noch Klaus, der zwar vordergründig eingespannter in sein Leben ist, der aber genausoviel oder wenig Verantwortung trägt, wie ich. Und es gäbe auch die Option, die Betreuung von Peter in professionelle Hände zu legen. Sich nur am Rande zuständig zu zeigen. Am Anfang war diese Option für mich unvorstellbar. In den letzten Jahren bin ich durch mehrere depressive Phasen gegangen. Ob die nur was mit Peter zu tun hatten oder mit anderen Dingen, wie beispielsweise eine nicht optimal arbeitende Schilddrüse, sei mal dahingestellt. Meine Gedanken kreisen über Tage um den Punkt „Ich will sterben, ich will dass dieses Elend aufhört". Die Phasen gingen vorbei, aber zurück blieb bei mir ein sehr selbstschützender Gedanke. Ehe ich mich umbringe, was meinem Bruder ja nun gar nicht hilft, darf ich mich abgrenzen. Es fühlt sich sehr radikal an, das hier so zu schreiben. Ich weiß um mein Dilemma. Wenn ich mich abgrenze, um mich zu schützen, bleibt das schlechte Gewissen, dass mein Bruder hilflos ohne familiäre Unterstützung ist. Trotzdem möchte ich auch für mich handeln können. Ich möchte mir erlauben können, egoistisch sein zu dürfen, mein Leben gestalten zu dürfen. Noch bin ich nicht so weit. Ich weiß auch nicht, ob ich da je hinkomme. Aber meine depressiven Phasen zeigen mir immer wieder, dass auch ich auf mich aufpassen und dass ich für mich die richtige Balance finden muss. Sehr geholfen hat es bisher in zweifelnden Phase das Gespräch mit Klaus zu suchen. Von unserer Familiendynamik bin eigentlich ich die große Schwester, auf die sich der kleine Bruder verlässt. Ich erlebe es immer wieder als tolle Erfahrung, wenn ich schwach bin und mein kleiner Bruder Klaus sich als stark und zuversichtlich erweist. Oder auch mit mir gemeinsam schwach ist. Weil wir beide nicht die richtigen Antworten für die Zukunft wissen. Das werden wir wohl aushalten müssen.

WIEVIEL GESTALTUNGSSPIELRAUM BLEIBT MIR?

Zwischen meinem Bruder im Rheinland und meinen Besuchen dort und meinem eigenen Leben in Berlin liegen Welten. Ich bekomme sie nicht zusammen und erlebe diese beiden Leben wie zwei extreme Pole. Dazu muss ich ein bisschen ausholen: In meinem eigenen Leben habe ich erlebt, wie sehr mich das Universum in meinen Wünschen unterstützt. Früh habe ich mir vorgestellt, in einem Reihenhaus in Gemeinschaft mit vielen anderen Menschen und auch Kindern zu leben. So lebe ich heute. Auch mein Wunsch nach selbstbestimmten Arbeiten hat sich so erfüllt, dies war selbst zu Zeiten schon so, als ich noch angestellt gearbeitet habe. Und heute als Coach ist dies definitiv so. Im Gegenteil, ich darf Menschen begleiten, die sich auf den Weg machen, selbst ein gutes Leben für sich zu entdecken. Im Coaching gibt es viele Techniken, die einem helfen, das Leben nach den eigenen Wünschen möglichst gut zu gestalten. Ich wende diese natürlich gerne selbst an. Soweit das geht. Meine effektivste, wie auch simple Technik: Wenn sich etwas in meinem Leben unstimmig anfühlt, dann stelle ich mir die optimale Situation vor und vertraue darauf, dass die Dinge sich in meinem Sinne entwickeln. Jenseits davon, dass ich natürlich auch in diese Richtung hin aktiv werde. Heißt, ich glaube daran, ein glückliches Leben leben zu dürfen und dieser Glaube wurde bisher auch nicht enttäuscht. Und ich erlebe mich als sehr selbstwirksam, d.h. ich kann Kraft meiner Gedanken und meiner Taten mein Glücksgefühl maßgeblich mitbestimmen. Soweit zu meinem Leben hier in Berlin.

Bei meinen Besuchen bei Peter und bei meinen Eltern ist das komplett anders. Ich bin nach wie vor auf der Suche, was mein Bruder vom Universum wollte, so das die Lösung dieser Unfall war. Dazu bin ich zu beschränkt, da fallen mir einfach keine klugen Antworten ein. Und den allgemeinen Alltag dort erlebe ich für mich alles andere als selbstbestimmt. Erwartungen von Pflegern prasseln auf mich ein. Mit meinen Eltern muss ich Dinge beraten, wie Fragen mit der Berufsgenossenschaft oder dem Betreuungsgericht. In der Kombi mit meinen Eltern verfallen wir – wie aus Versehen – schnell in Familienrollen, in denen ich früher mal zu Hause war, die mit mir als erwachsener Frau aber eigentlich nichts zu tun haben. Und die auch keine Glücksgefühle hervorrufen. Die Verantwortung für ihr Glück bei meinen Eltern zu belassen, finde ich auch nicht einfach. Zumal sie ja in der täglichen Sorge um meinen Bruder auch ein sehr, sehr viel größeres Päckchen zu tragen haben, als ich. Bei mir entsteht dann eine Gefühlsmelange aus Schuldgefühlen, Trauer und auch so was wie Wut. Wut darüber, dass ich mich nicht entziehen kann – warum auch immer. Aber auch nicht gestalten kann. Denn die Entwicklung meines Bruders entzieht sich allen meinen Wünschen ans Universum.

Wobei ich bei diesen Wünschen auch selber unklar bin, ganz davon abgesehen, dass ich ja gar nicht zuständig bin. Es handelt sich ja um das Leben meines Bruders. Wenn ich an das Universum denke, dann hilft mir übrigens folgendes Bild: Da oben im Himmel ist ein riesiges Großraumbüro und jeder von uns hat seinen persönlichen Engel. Der kümmert sich, hört sich unsere Wünsche an und tut sein möglichstes, um diese Wünsche Wirklichkeit werden zu lassen. Wenn die Meldungen von uns nur sind, ich will das oder jenes nicht mehr, ist er manchmal ratlos und weiß nicht, was er tun soll. So ähnlich, wie wenn ich zum Fahrkartenschalter gehe und sage, ich will nicht nach Hamburg, hätte aber gerne eine Fahrkarte. Mein Engel arbeitet ziemlich gut mit mir zusammen und ich habe im Laufe des Lebens immer mehr gelernt, meine Wünsche positiv und sehr präzise zu denken und mir auszumalen.

Aber in diesem Fall mit meinem Bruder muss ich mir ja nicht nur bei meinem Engel was wünschen, sondern bei Peters Engel. Ganz zu schweigen, dass ich in meinen Wünschen – was meinen Bruder angeht – auch noch unklar bin. Wirklich ernsthaft glaube ich nicht daran, dass mein Bruder wieder ganz gesund wird. Also wünsche ich mir das nicht. Das er stirbt, ist sozusagen ein verbotener Wunsch, weil er eher egoistisch von meinen Bedürfnissen geprägt ist. Den schicke ich also auch nicht mit Herzblut und Überzeugung ab. Dass der Unfall nie passiert wäre – ja das ist ein Wunsch – aber es ist nunmal so, wie es ist. Grundsätzlich scheint aber der Engel meines Bruders für mich überhaupt nicht ansprechbar zu sein. Oder mein Engel hat keinen guten Draht zum Engel meines Bruders. Oder die beiden verfolgen dort oben einen Plan, den ich nicht verstehe. Oder mein Bruder hat andere Wünsche, ich kann ihn ja nicht fragen.

In der Praxis erlebe ich mich dann auch in Berlin emotional zweigeteilt. Wenn ich im Hier und Jetzt bin, besonders im Hier – lebe ich ein glückliches, wunderbares Leben. Wenn ich mit den Gedanken zu meinem Bruder wandere, in die Situation von ihm und von meinen Eltern, überkommen mich traurige Gefühle, die immer wieder in mein Hier und Jetzt „reinschwappen". Ich weiß, aushalten hilft. Es ebbt auch immer ein bisschen ab.

Den Schlüssel, auch bei meinem Bruder und mit meinem Bruder, meine Gedanken so zu steuern, dass sich trotzdem tiefe Glücksgefühle für mich einstellen, den habe ich leider noch nicht gefunden. Kleine Glücksgefühle gibt es schon, wenn er lacht oder wenn er sonst irgendeine Regung zeigt. Oder wenn wir auch mit der Familie lachen. Bis zu den tiefen Glücksgefühlen oder auch brauchbaren Gedanken, was der Sinn von unserem Schicksal ist, ist es noch ein Weg. Auf dem befinde ich mich wohl, nicht wissend, was es da noch zu lernen und zu entdecken gibt. Leider fühlt es sich auf diesem Weg nicht immer gut an.

PROFESSIONELLE HILFE FÜR ANGEHÖRIGE

Mir hat professionelle Hilfe im Umgang mit unserer Situation sehr geholfen. In der Akutphase war ich am Anfang bei einem Therapeuten. Dieser hat mich auch mehrmals krankgeschrieben, wenn er der Meinung war, dass ich dringend eine Pause brauche. Leider konnte er mich immer nur von der Arbeit befreien. Eine Befreiung von den Sorgen um meinen Bruder konnte er nicht ausstellen. Trotzdem hat auch das schon geholfen. Ich hatte Zeit, meine Situation zu überdenken und eben zu schauen, an welchen Stellschrauben ich was ändern kann und an welchen anderen Stellschrauben ich eben nur meinen Umgang damit ändern kann. An letzteren Dingen haben wir in den Therapiesitzungen gearbeitet. Ersteres fand zuhause statt. Am Schreibtisch mit vielen kleinen Kärtchen. Welche Option hatte ich, um mich selbständig zu machen? In beiden Fällen tat es gut, wieder mehr Handlungsfreiheit entdecken zu können. Ich bin nicht nur das Opfer der Umstände, ich kann mit diesen auch was machen. Nach sechs Wochen Krankheit stand fest, dass ich mich selbständig machen würde. Als Coach. Um letzteres zu lernen, habe ich in den darauffolgenden Jahren viele Ausbildungen besucht. Dabei muss man immer wieder Beispielprobleme angehen und Lösungen finden. Mein Bruder war bei jeder Ausbildung dabei, ich habe viele Lösungsideen aus den Ausbildungen mitgenommen. Eine Coaching-methode möchte ich hier noch genauer vorstellen, weil sie mir viel geholfen hat, die unbewussten Problemlagen und Traumata aufzuspüren und zu entstressen. Es handelt sich um Wingwave. Ich setze es als Wingwave Coach heute auch selber ein. Hier möchte ich aber eine Wingwave-Session mit mir beschreiben, eben weil sie so gut geholfen hat, Stress aufzulösen.

Wingwave ist eine ganz spannende Methode. Sie basiert auf einem Muskeltest, EMDR und NLP. Über lange Strecken der Sitzung muss ich gar nichts sagen, sondern meine Coach redet mit meiner Hand. Ich muss dabei den Daumen und den Zeigefinger fest aufeinanderdrücken, die Coach versucht den daraus entstehenden Ring, aufzuziehen. Im normalen Zustand schafft sie das nicht. Wenn sie mir aber Dinge sagt, die mein Unterbewusstsein stressen, dann geht dieser Ring plötzlich auf. Ich kann für einen kurzen Moment die Muskelspannung nicht halten. Ich finde das immer faszinierend. Auf diese Art und Weise testet sie, was mich wirklich stresst. Kurz nach dem Unfall habe ich Wingwave in einer Ausbildung dazu kennengelernt. Und gleich mal mit einem körperlichen Symptom angefangen, meinem verspannten Nacken. Im Gespräch mit meiner Hand zeigten sich die zermanschten Äpfel, die im Auto zwischen Sitz und Beifahrertür lagen, als das Problem. Der Schreck war mir in den Nacken gefahren. Der Ringtest zeigte einen deutlichen Zusammenhang zwischen den Äpfeln, dem kaputten Auto und meinem Nacken. Der Gedanke dahinter ist, dass ich ein Erlebnis nicht ordentlich verarbeitet habe und dies sozusagen immer noch Emotionen „abschießt", die sich in diesem Fall in einer körperlichen Verspannung manifestiert haben. Die Coach winkt dann mit dem Finger vor meinen Augen (EMDR), das ist spannend, man konzentriert sich wie bei einem Tennismatch, dem Finger zu folgen und dabei entstehen ganz viele spannende Emotionen und Gefühle. Wie eine Achterbahn geht das ab. Bei dem Autounfall musste sie im Winken mehrmals Pause machen, immer wieder ansetzen. Erst hatte ich ein ganz blödes Gefühl im Bauch, dann flossen Tränen und irgendwann stellte sich wieder Ruhe ein. Tage später waren dann auch die Nackenschmerzen deutlich weniger.

Auch heute treffe ich mich regelmässig mit einer Kollegin und wir bewinken uns gegenseitig. Im Augenblick sind es mehr Sorgen um die Zukunft als irgendein Problem der Gegenwart oder aus der Vergangenheit. Hier werden dann die Emotionen gesucht, die den Stress verursachen. In meinem Fall ist dies Überforderung und Angst. Auch diese lassen sich bewinken, so dass ich meine Gedanken an die Zukunft stressfreier wahrnehmen kann. Es ist gut für mich, die Methode, die ich bei meinen eigenen Coachees auch regelmässig anwende, immer wieder selbst an meinen Problemen auszuprobieren. Obwohl ich es eigentlich weiß, so bin ich doch jedesmal baff erstaunt, wie wenig mich das konkrete Problem, mit dem ich eigentlich in die vorherige Beratungsstunde gegangen bin, beim nächsten Mal noch berührt. Es ist immer wie weggeflogen.

WELCHE GEMEINSCHAFT BRAUCHT MEIN BRUDER?

Seitdem mein Bruder allein in seinem Haus untergebracht wird, gibt es immer mal wieder die Forderung, er solle wieder in ein Heim. Da sei er unter seinesgleichen. Die Forderung kam übrigens von einer durch das Amtsgericht bestellten Anwältin angeregt durch eine Pflegerin.

Was hat er da davon? Ich habe mich das immer gefragt. Um nicht zu sagen, diese Frage war auch immer ein Thema bei der Suche von Pflegeheimen. Als er gerade verunglückt war und wir die ersten Erfahrungen mit Pflegeheimen machten, war erstmal klar, er kann nicht in ein Pflegeheim, in dem überwiegend alte Menschen leben, die – um es ein bisschen hart, aber ich denke dennoch passend zu sagen – auf den Tod warten. In dieser Energie ist es für einen relativ jungen Menschen hart, wieder Lebensenergie aufzunehmen. Also war schon mal klar, ein Pflegeheim mit alten Menschen geht nicht.

Das schränkt die Auswahl massiv ein. Es gibt Rehaeinrichtungen und es gibt auch ein paar wenige Pflegeheime für Wachkomapatienten und Schwerstbehinderte im Rheinland. Meine Eltern haben auch überlegt, ob sie mit Peter umziehen. Die Rede war von der Schweiz, weil dort Pflegeheime viel besser seien. Nun mag man fragen, was genau macht besser aus? Und was sind damit auch die Kritikpunkte an den Pflegeeinrichtungen, die wir erleben durften?

Persönliche Pflege
Mein Bruder ist nicht Herr Sowieso und er ist auch kein Mensch, der nicht ansprechbar ist und schon gar nicht jemand, der nichts mitbekommt. Je nach Pflegeeinrichtung kann man aber genau dies alles erleben. Gespräche, auch mal ein bisschen abwertend oder zumindest nicht hoffnungsfroh in seiner Anwesenheit. Laute Überlegungen, dass eine Amputation eines Daumens die Pflege der stark angespannten Hand (in Sachen Spastik) einfacher machen würde. Dies war zugegeben ein Höhepunkt der Vorschläge von pflegenden Personen, die natürlich im Blick haben, ihren Job möglichst leicht zu machen. Aber dafür Körperteile amputieren? Ich finde dies unglaublich. Und ich weiß nicht, was mein Bruder bei diesem Vorschlag gedacht hat. Was es mit ihm und seiner hoffentlich vorhandenen Hoffnung, dass er auch noch aktivere Momente im Leben erleben darf, gemacht hat, wenn schon Vorschläge kommen, Teile seiner Hand zu amputieren.

Pflege fühlt sich stattdessen persönlich an, wenn es zu einem Beziehungsaufbau kommt. Eine Beziehung, bei der die pflegende Person immer wieder gleich ist, eine Beziehung aufbaut, meinen Bruder irgendwann duzt und auch erkennt, auf welche Bemerkungen er reagiert und auf welche nicht. Die dabei grundsätzlich annimmt, dass er alles mitbekommt und sich entsprechend verhält. Respekt eben. Und ein kleines bisschen Zuneigung.

Aktivierende Therapie
Damit ein Gehirn wieder in Gang kommt und neue Verbindungen herstellt, braucht es viele Anregungen. Im Fall von Wachkomapatienten ist dies nicht nur fernsehen, sondern gezielt zu üben. Den Körper wieder zu spüren, den Körper bewegt zu bekommen und ganz langsam selber zu üben, was immer bewegbar ist, selbst zu bewegen. Und wenn es nur der große Zeh ist. Bei meinem Bruder ist auch schlucken und Laute erzeugen eine wichtige Übung. Je nach Pflegeeinrichtung wird Therapie als wichtiger Bestandteil oder

aber auch als nette Beschäftigungstherapie verstanden. Wir haben Einrichtungen erlebt, die einmal am Tag eine Stunde Therapie vorgesehen hatten. Wenn diese dann wegen Krankheit der Therapeutin oder aus anderen Gründen ausfiel, stand zur Unterhaltung nur der Fernseher zur Verfügung. Glücklicherweise war dies nicht überall so, es gab auch Einrichtungen, die sehr viel Therapie angeboten haben und die selber überzeugt davon waren, dass dies sehr, sehr wichtig ist.

Solche und solche, die Grundhaltung ist wichtig

Ich will damit sagen, wir haben gute und schlechte Erfahrungen mit Pflegeeinrichtungen gemacht. Dabei spielt die Grundhaltung der Einrichtung sicherlich eine große Rolle. Ich meine die Grundhaltung gegenüber des Potentials der Patienten. Sie reichte von „wir holen hier noch richtig viel raus" über „wir machen es dem Patienten so schön wie möglich" bis „wir bewahren dich bis zu deinem Tod auf und halten dich satt und sauber".

Leider sind die Einrichtungen, die ein Potential im Patienten sehen und dieses wecken wollen, sehr rar. Sie lagen auch weit weg von meinen Eltern, so dass diese nicht täglich pendeln konnten, sondern über Tage bei meinem Bruder im Zimmer geschlafen haben. Solche Einrichtungen hätte es eben auch in der Schweiz gegeben. Aber einen kompletten Umzug konnten sich meine Eltern nicht vorstellen. Was ich gut verstehen kann. Immerhin haben auch sie noch ein kleines eigenes Leben mit Freunden, Vereinen und ihrem Garten. Wenn sie das auch noch aufgegeben hätten, wäre ihr Leben komplett auf meinen Bruder fixiert.

Gemeinschaft mit Anderen

Zugehörigkeit ist ein sehr menschliches Bedürfnis. Deshalb suchen wir die Gemeinschaft, das machen wir schließlich alle. Welche Gemeinschaft ist für meinen Bruder gut. Die Forderung, ihn in ein Pflegeheim zu geben, weil er da unter seinesgleichen sei, finde ich absurd. Die Kontaktaufnahme mit gesunden Menschen ist für ihn schon schwer, wie soll er da Kontakt aufnehmen zu Menschen, die ähnliche Schwierigkeiten haben? Ganz zu schweigen von so nervigen Situationen, wie schreiende und stöhnende Patienten, mit denen er sich in einem Gemeinschaftsraum aufhalten muss. Er kann weder sagen, dass es ihn nervt, noch kann er gehen. Gut, ich kann mir vorstellen, dass er sich in eine andere Form des Bewusstseins begeben kann und er dann nervende Dinge als nicht so nervig wahrnimmt.

Viel zentraler als die Gemeinschaft mit anderen Wachkomapatienten ist für meinen Bruder der Kontakt zu alten Freunden und Bekannten. Wenn Freunde ihn besuchen, strahlt er über das ganze Gesicht. Er hört aufmerksam zu und ist sichtlich interessiert. Leider ist er auch erkennbar traurig, wenn sie wieder gehen. Aber dies ist ja auch eine Gefühlsregung und es ist schön, dass er sie zeigen kann.

Wenn es nach ihm ginge, könnte er täglich Besuch bekommen. Gerne auch mehrmals. Der Besuch ist deutlich mehr geworden, seitdem er in seinem Heimatdorf wohnt. Immerhin ist es für viele Freunde so einfacher, mal vorbeizuschauen.

Urlaub vom Alltag
Von unserem Dänemarkurlaub habe ich ja schon geschrieben. Eine schöne, aber sehr, sehr aufwändige Erfahrung. Besonders durch die lange Fahrt. Welche anderen Formen gibt es für meinen Bruder Urlaub zu machen? Oder zumindest aus den eigenen vier Wänden rauszukommen?

Ein sehr schönes Angebot ist die Wassertherapie, die vom Verein Patienten im Wachkoma e.V. angeboten wird. In gut ausgestatteten Rehahotels machen Wachkomapatienten mit Angehörigen, Pflegern und Wassertherapeuten zwei Wochen Urlaub. Es gibt ein Schwimmbad mit entsprechenden Hebeeinrichtungen, um die Patienten ins Wasser zu lassen und dort mit ihnen zu arbeiten. Für die Angehörigen gibt es den Austausch untereinander und gemeinsame

Gesprächsgruppen, auf Wunsch auch Einzel- bzw. Paarberatung. Über den Austausch unter den Angehörigen entstehen auch immer wieder ganz neue Ideen, was man noch ausprobieren und machen kann. Peter ist hier auch wieder mit anderen Wachkomapatienten in Kontakt. Wie wichtig ihm dies ist, kann ich nicht sagen. Vielleicht ist es schon ein Trost, zu sehen, dass es anderen auch so geht, wie ihm.

Ein weiteres Angebot haben gerade mein Mann und ich mit meinem Bruder plus Pfleger auf dem Rhein und der Mosel wahrgenommen. Das Deutsche Rote Kreuz Rhein-Sieg mietet für eine Woche ein behindertengerechtes Schiff und schippert mit diesem 5 Tage über die Flüsse. An Bord waren etwa 30 Behinderte und ihre Angehörigen. Ein tolles Angebot. Es wurde viel von älteren Menschen wahrgenommen, nicht unbedingt die Peergroup für meinen Bruder. Aber es war vielleicht auch egal. Die Möglichkeit unterwegs zu sein, Landschaften zu sehen, kleine Ausflüge zu machen und ein ganz anderes Umfeld zu erleben, haben ihm sichtlich gut gefallen.

MIT PETER UNTERWEGS

Peter lebt mit meinen Eltern in einem Dorf. Früher war meine Mutter hier Lehrerin, wir sind hier auch alle zur Schule gegangen und mein Bruder hat lange Zeit im örtlichen Musikverein Schlagzeug gespielt. Ja, wir sind bekannt. Vielleicht sollte ich eher sagen, wir waren bekannt. Oder sind auch noch bekannt, wenn wir ohne meinen Bruder unterwegs sind. Tauchen wir bei einem Dorffest mit ihm im Rollstuhl auf, scheint uns niemand mehr zu kennen. Maximal werden wir aus der Ferne begrüßt. Obwohl Peter sehr aufmerksam schauen kann, begrüßt ihn niemand. Aber stopp, hier muss ich schon vorsichtig sein. Ich kenne Peter inzwischen gut und habe mich an sein Aussehen, geprägt von spastischer Lähmung, gewöhnt. Andere hatten diese Gewöhnungsphase nicht. Sie haben meinen Bruder möglicherweise noch viel mehr in Erinnerung als den Schlagzeuger, den netten Jungen von nebenan oder wie auch immer sie ihn gesund erlebt haben. Aufgrund der Distanz waren sie nicht gezwungen, durch eine Trauerphase zu gehen und sich von dem alten Peter zu verabschieden. Vielleicht ist er ihnen viel präsenter als mir. Dann kann ich den Schock in ihren Augen mehr verstehen. Und den Drang auf Distanz zu gehen.

Eine Freundin meines Bruders gab dies mal ehrlich zu. Sie sagte, sie sei nach einem Besuch bei ihm über Tage depressiv gewesen. Ein echtes Dilemma für ihn. Seine Freunde tun ihm so gut, aber er tut ihnen eben nicht gut. Wenn ich ehrlich bin, ist es bei mir ja auch sehr ähnlich. Für ihn wäre es auch besser, wenn ich häufiger da wäre. Für mich aber nicht. So wähle ich einen Kompromiss. Den ich eingehen kann. Das machen faktisch die anderen auch. Nur dass es eben nicht ihr Bruder ist. Sie mit ihrem Leben beschäftigt sind. Da fällt der Kontakt zu einem alten Freund und Kumpel schnell mal runter. Auf der Straße bzw. bei Festen kommt dann immer noch die Betroffenheit dazu, wie wenig mein Bruder machen kann. Ja, das stimmt ja so. Ich kann es verstehen. Ich würde bei einem fernen Bekannten auch dumm schauen, wenn er mir plötzlich so im Rollstuhl präsentiert würde. Aus seiner Perspektive ist jeder Kontakt toll. Glaube ich zumindest. Er reagiert auch immer freundlich, von daher ist dem wahrscheinlich auch so. In diesem Dilemma befinde ich mich, wenn ich mit meinem Bruder auf Feste gehe. Ich kann unsere Nachbarn und entfernten Freunde auf der einen Seite zwar verstehen, auf der anderen Seite weiß ich, wie sehr Peter sich freut, wenn er in Kontakt kommt. Ich übrigens auch. Denn es ist auch für die Angehörigen nicht schön, bei einem Fest an einem Rollstuhl am Rand zu stehen. Von daher enden die meisten solcher Ausflüge schnell. Wir brechen nach einem Bier wieder auf und fahren nach Hause.

Da ist es fast ein bisschen einfacher, wenn man mit ihm an Orten unterwegs ist, in denen ihn eh keiner kennt. Die Menschen schauen zwar ein bisschen komisch, aber ich erwarte von ihnen auch nichts anderes. Sie machen alle bereitwillig Platz, wenn man mit dem Rollstuhl irgendwo hin muss.

Die Krönung ist das Zusammentreffen mit Menschen, die ihn nur behindert kennen und ihn längere Zeit nicht gesehen haben. Diese nennen schon mal Fortschritte oder sagen ihm, dass er gut aussieht. Besonders seit er in seinem eigenen Haus ist, kommen immer mal wieder so Rückmeldungen, er ist eben einfach wacher. Es fühlt sich gut an, das kann ich wenigstens von mir sagen. Ich bin sicher, ihm geht das auch so.

RESPEKT, RESPEKT, RESPEKT

Ich kann es nicht oft genug wiederholen, Respekt ist für mich ein wichtiger Schlüssel in der Bewältigung unserer Lebenssituation.

Respekt meinem Bruder gegenüber
Peter kann sich nicht so äußern, wie er gerne würde. Meistens zeigt er zunächst keine Reaktion, wenn neue Menschen ihn begrüßen und kennenlernen wollen. Das heißt aber nicht, dass er nicht reaktionsfähig ist, und es heißt schon lange nicht, dass er nichts mitbekommt. Viele Verhandlungen, Einschätzungen und Prognosen finden in seiner Anwesenheit statt. Wenn ich schonmal Experten bitte, mit mir den Raum zu verlassen und über irgendwas unter vier Augen zu sprechen, ernte ich in der Regel Erstaunen bis Unverständnis. Er bekommt alles mit! Da bin ich sicher. Wie muss es sich für ihn anfühlen, wenn er Prognosen mitbekommt, die alle im Tenor lauten: „Das wird nichts mehr"? Er wird ohnehin große

Schwierigkeiten haben, sich zu motivieren und an eine Genesung zu glauben. Mit solchen Aussagen wird es nicht einfacher.

Respektvoll finde ich es auch, ihn in ein Gespräch mit einzubeziehen und nicht über ihn zu sprechen. Ja, das ist manchmal schwer, aber eigentlich ist es nur eine Einstellungssache. Wenn ich ihn respektiere und selbst wenn ich nur theoretisch weiß, dass er etwas mitbekommen könnte, dann rede ich nicht über „den da", sondern eben mit ihm.

Respekt den Angehörigen gegenüber
Wenn es um den Respekt gegenüber Angehörigen geht, fällt mir in erster Linie das Amtsgericht Bonn ein. Ich schreibe bewusst den Ort mit, denn wir haben einige Amtsgerichte erlebt, die sehr unterstützend und wertschätzend unterwegs waren. Das Amtsgericht Bonn ist es leider nicht.

Meine Eltern haben seit 12 Jahren ihr Leben für meinen Bruder aufgegeben. Sie haben dabei auch viele stressige Zeiten erlebt und ja, sie haben auch Fehler gemacht. Dabei steht immer die Liebe zu meinem Bruder im absoluten Vordergrund, verbunden mit der Suche nach den bestmöglichen Lösungen. Manchmal stellt sich diese Suche als Sackgasse heraus. In den Augen des Amtsgerichts sind dies dann Fehler. Oder gar Freiheitsberaubung. Diesen Vorwurf fand ich super absurd. Konkret ging es um den Easystand, bei dem mein Bruder zeitweilig in eine stehende Position gebracht wird. Dabei muss er fixiert werden. Sonst würde er rausfallen. Dafür braucht es eine gesonderte Genehmigung, immerhin ist Fixierung so einfach nicht erlaubt. Grundsätzlich mag es hierzu sicherlich bürokratische Regeln geben, die wir vielleicht nicht ordentlich eingehalten haben. Sie wurden uns aber präsentiert, als ob wir meinen Bruder absichtlich quälen und eben seiner Freiheit berauben würden.

Solche Erlebnisse haben wir immer wieder. Besonders seit mein Bruder im eigenen Haus untergebracht ist. Im Pflegeheim ist alles okay. Da greift kein Amtsgericht ein, wenn ein Patient nur zweimal die Woche therapiert wird und entsprechend vor sich hin vegetiert. Selbst wenn mein Bruder von der Duschliege fällt, wird von einem bedauerlichen Unfall geredet, aber nicht davon, dass hier ein Mißstand oder Körperverletzung vorliegt. Wenn man aber einen Patienten zu Hause pflegt, werden gleich ganz andere sprachliche und rechtliche Geschütze aufgefahren.

Natürlich akzeptiere ich, dass Angehörige, die nun eine größere Verantwortung übernehmen, überprüft werden. Schlimmstenfalls könnten sie ja tatsächlich irgendwas mit ihrem Kind oder Geschwister machen, was quälend oder sonstwie nicht gut wäre. Was mich stört, ist besonders in der Kommunikation, dass genau nach diesen Dingen gesucht wird, anstatt erstmal wohlwollend nachzufragen. Da wird mir vorgeworfen, dass ich für meinen Bruder ein Ipad angeschafft hätte. Das würde er doch nicht brauchen. Keiner hat sich je die Mühe gemacht, zu schauen, mit welchen großen Augen er Nachrichten von Freunden bei Facebook verfolgt oder wie er über Comedy-Videos lacht. Warum soll ich also nicht von seinem Geld ein Ipad für ihn anschaffen?

Beim Hausbau kam es nach Ansicht des Amtsgerichts zu finanziellen Ungereimtheiten. Dies soll nun eine Anwältin klären. Und im Zweifel wird sie dann im Namen meines Bruders gegen meinen Vater klagen. Allein der Umstand, dass sie sich anmaßt, im Namen meines Bruders gegen meinen Vater zu klagen, ist absurd. Mein Bruder hätte nie, nie, nie gegen ein anderes Familienmitglied geklagt. Trotz aller Drohungen tut sie es bisher übrigens auch nicht. Aber sie prüft seit 18 Monaten. Solange hat sie die Finanzvollmacht und rechnet munter ihre Kosten ab. Bei denen sie sich wahrscheinlich nicht an die Kosten hält, die gesetzliche Betreuer eigentlich in Rechnung stellen. Stattdessen berechnet sie die Kosten einer Anwältin im Streitfall mit einem Dritten. Also durchaus ein teurer Spaß. Kein Wunder, dass sie ausgiebig prüft und sich Zeit lässt. Genau können wir das im Augenblick nicht wissen, wir sehen ja keine Abbuchungen mehr vom Konto meines Bruders. Solange wir diesen Einblick noch hatten, hat sie allerdings die erhöhten Kosten eines Streitfalls abgerechnet.

Insgesamt ist sie in einem Ton und einer Art unterwegs, die eine massive Gegnerschaft gegen meine Eltern vermuten lässt. Mich macht dies unglaublich ärgerlich! Das Schicksal ist hart, die Versorgung und Betreuung meines Bruders anstrengend, Zukunftsgedanken sind belastend. Aber alles ist irgendwie zu bewältigen. Zumal es alles nicht zu ändern ist. Richtig anstrengend und stressig ist der Umgang mit der Anwältin und dem dahinter stehenden Amtsgericht. Natürlich auch, weil man weiß, dass dieser Stress unnötig und ungerecht ist.

Garniert wird dieser Stress dann immer mit kleinen besonderen Absurditäten. Da wird das Haus meines Bruders durch die Anwältin zum alkoholfreien Haushalt erklärt. Hätten meine Eltern nicht aus eigener Tasche Bier gekauft und sich über dieses absurde Verbot hinweg gesetzt, hätte mein Bruder seinen 50sten Geburtstag mit seinen Freunden (es kamen immerhin fast 50 Leute) mit Apfelsaft feiern dürfen. Tolle Gastfreundschaft, da kommen alle sicherlich bald wieder. Ganz zu schweigen, dass mein Bruder immer gerne mal am Wein oder Bier nippt und warum auch nicht? Es ist für ihn eine angenehme Stimulierung und warum sollte ein 50jähriger keinen Alkohol trinken dürfen?

Es gibt viele solcher Geschichten, die man als Angehöriger nicht verstehen muss, über die man sich aber trefflich ärgern kann. Ich könnte dazu noch stundenlang schreiben. Aber ich will jetzt nicht zu ausführlich werden. Im Grunde geht es mir darum, dass ich erwarte, dass Menschen, die so viel geben, mit Respekt und vielleicht auch mit Anerkennung und Dank von staatlicher Seite behandelt werden. Denn professionelle Menschen können dies nicht leisten. Mit dieser Grundhaltung – von Respekt und Anerkennung – dürfen und sollen staatliche Einrichtungen durchaus schauen, wie es dem Patienten möglichst gut gehen kann. Hier darf ich dann doch mal einen vom Amtsgericht bestellten Gutachter zitieren: Geht es den Angehörigen gut, geht es auch dem Patienten gut. Würde das Amtsgericht bloss mal nach den Aussagen ihrer eigenen Gutachter handeln.

Was ich mir vom Staat wünsche
Es gibt nicht sehr viele Menschen im Wachkoma. Gott sei Dank. Aber eben weil es relativ wenige gibt, haben diese keine besonders starke Lobby. Das geht los mit fehlenden Forschungsgeldern und endet bei allen möglichen Hürden, die Angehörigen in den Weg gelegt werden.

Ich will hier kein Plädoyer für höhere Forschungsgelder schreiben, dazu kenne ich mich in der Forschungslandschaft zu wenig aus. Ich kenne mich aber aus mit der Unterstützung, die ich, mein gesunder Bruder und besonders meine Eltern erhalten haben. Sie war minimal und wenn, kam sie von Vereinen und Stiftungen. Vielleicht ist das ja zu viel verlangt, aber wie toll wäre es, wenn es in Kliniken, in Reha-Einrichtungen und bei Amtsgerichten Berater gäbe, die auch schauen, wie die Angehörigen mit ihrem Schicksal zurecht kommen. Wie wäre es, wenn ein Mitarbeiter der Berufsgenossenschaft Anträge einfach bewilligen würde und nicht meinem Vater sagt: Sie müssen bei allem einen Einspruch einlegen, das ist ihr Job! Was für ein unnötiger Job!!!! Den Menschen ehrenamtlich wahrnehmen, weil ihnen das Wohl ihres kranken Angehörigen eben sehr am Herzen liegt. Was aber eben unnötig viel Kraft kostet und wo man sich schon fragen kann, woher diese verdammte Motivation kommt, aufgrund von Kostenersparnissen und Bürokratie Angehörige unnötig auszulaugen. Sie haben es eh schon sehr schwer.

Wenn ich mir also was wünschen dürfte und hier ist der Staat derjenige, der es regeln müsste und könnte, dann wäre dies eine konsequente Überprüfung aller Vorgängen, mit denen Angehörige im Wachkoma zu tun haben und deren massive Entbürokratisierung. Und wenn ich ganz vermessen wäre, dann würde ich mich auch freuen, wenn es proaktiv beispielsweise psychosoziale Unterstützung gäbe für Kinder, Schwestern, Brüder und wer auch immer noch von diesem Schicksal betroffen ist.

AUFWACHEN AUS DEM WACHKOMA?

Mein Bruder wurde und wird immer aktiver. Besonders sichtbar wurde dies nach einiger Zeit im eigenen Haus und mit umfangreichen Therapien. Er bewegt seine Hände, trotz Spastik erkennt man, dass er mit den Händen Zeichen geben will. Er macht immer mehr Brummlaute, bei denen man das Gefühl hat, dass er wirklich gerne reden würde und es ihm bloss im Augenblick nicht gelingt, aus den Tönen Worte zu formen.

Im Fernsehen sieht man ja gerne in Filmen, wie Menschen aus dem Koma aufwachen. Sie schlagen die Augen auf, blinzeln zweimal und fragen dann in klar geformten Worten, welcher Tag heute ist. Ein schönes Fernsehbild. Logisch, in einem 90 Minuten Format kann man ja auch nicht wiedergeben, wie schwer der Weg in das neue Leben sein kann. Dieses künstliche (Fernseh-)Bild macht es mir schwer, anderen Menschen meine Hoffnung zu vermitteln, dass mein Bruder vielleicht doch langsam den Weg in eine aktive Lebendigkeit zurückfindet. Denn die Schritte von ihm sind minimal, sie fallen nur nahen Personen auf, selbst ich werde hier und da auf Reaktionen meines Bruders nur durch aufmerksame Pflegerinnen hingewiesen. Sie verbringen ja nochmal viel mehr Zeit mit ihm und entsprechend fallen ihnen natürlich hier und da willentliche Hand- oder Fußbewegungen auf. Ich bekomme sie manchmal nicht mit oder verbuche sie unter Zufall. Wenn aber immer wieder dieselbe Handbewegung gemacht wird, ja dann kann man doch davon ausgehen, dass sie durch ein Gehirn gesteuert werden. Wie wunderbar! Wenn mein Bruder wieder kleine Teile seines Gehirns zurückerobert. Das macht mich sehr froh!

In meinem Freundeskreis, die mit meinem Bruder nichts zu tun haben, entsteht dann oft das Bild, er wird bald wieder ganz aufwachen. Da gibt es dann so spannende Gespräche, was er alles neu kennenlernen muss, weil er über ein Jahrzehnt verpasst hat. Er kennt keine Smartphones, hat zwar einen Account bei Facebook (den habe ich für ihn eingerichtet), kennt aber soziale Medien als geliebten Zeitkiller noch gar nicht richtig. Er kennt seinen Neffen nur am Rande und seine beiden Nichten sind in den letzten zehn Jahren ordentlich gewachsen. Das wir auch alle gealtert sind, wird er hoffentlich nicht so neugierig betrachten. Aber stopp, ich glaube ohnehin nicht an den Realitätsgehalt von solchen Gesprächen. Im Gegenteil, ich bin überzeugt, dass sich sein Aufwachen langsam gestalten wird und er in diesem Prozess viele Dinge schleichend entdecken wird. Wenn er dann tatsächlich in Sprache und Bewegung wieder weitestgehend da ist, wird er auf dem Weg dorthin alle neuen Dinge längst entdeckt haben. Und auf dem Weg dorthin werden wir – wie ja bisher auch – viele Gespräche führen. Der wesentliche Unterschied: Irgendwann wird er hoffentlich antworten können. Vielleicht am Anfang nur mit wenigen Worten und dann werden es immer mehr werden.

Ich fange an zu schwärmen. Denn auch diese ganz ganz langsamen Schritte wären für mich ein Fest. Vielleicht nicht so beeindruckend, wie ein Aufwachen im Fernsehen. Aber an dieses kann ich eh nicht glauben. Die Hoffnung auf mehr langsame Schritte steigt mit jedem kleinen Schritt, mit jedem Brummen am Telefon und jeder kleinen Bewegung seines Fingers.

Ich kann leider nicht in die Zukunft blicken. Ich weiß nicht, was sie uns bringen wird. Ich versuche nur gelassen und zuversichtlich zu bleiben. Schritt für Schritt werden sich Lösungen finden. Hoffentlich. Ein Funken Angst ist auch immer dabei.

WIE ANDERE MIT IHREM SCHICKSAL UMGEHEN

Viele meiner Gedanken sind zunächst als kurze Texte in meinem Blog Wachkomabruder erschienen. Über diesen Blog hatte ich mit zahlreichen Menschen interessante Kontakte. Dabei wurde auch deutlich, dass es bisher wenig Material gibt für und von entfernter betroffenen Menschen. Menschen, wie eben Geschwister, Kinder oder gute Freunde. Sie leiden alle mit, im Blick sind aber meist in erster Linie die Betroffenen selber und dann noch die nahen Angehörigen. Die, die oft zu Besuch fahren oder ihren Partner oder ihr Kind selber pflegen. So richtig sind übrigens auch diese nicht im Blick. Welcher Arzt oder welches Pflegeheim fragt auch mal ehrlich nach, wie es den Angehörigen geht? Und hat die Zeit, zuzuhören? Oder vielleicht sogar irgendwelche Unterstützungsmöglichkeiten zu empfehlen? Bei meinen Eltern ist dies ganz selten passiert.

Ich selbst hatte etwa drei Jahre nach dem Unfall einen Burn-out. Ich habe darüber berichtet. Er führte mich zu einem Therapeuten. Dies war mir eine große Hilfe, hatte ich bis dahin die Trauerphase um meinen gesunden Bruder noch gar nicht richtig abgeschlossen. Später bin ich selbst Coach geworden, im Rahmen von Ausbildungen und weiteren Begleitungen habe ich die Fragestellungen und Sorgen um meinen Bruder immer wieder anschauen dürfen. Mit diesem Buch habe ich mich entschieden, Teile dieser Sorgen und Gedanken nachvollziehbar zu machen.

Im Rahmen meiner Kontakte habe ich auch Menschen gefragt, ob sie ihre Geschichte für das Buch aufschreiben würden. Einige sind diesem Wunsch nachgekommen. Sie folgen im Anschluss. Zum Teil waren wir in Zwiesprache über die Texte, zum Teil habe ich sie einfach übernommen. Kein Text hat mich unberührt gelassen, die meisten habe ich beim ersten Mal unter Tränen gelesen. Es bewegt, wenn man von anderen Schicksalen liest. Und es verbindet. Manchmal fühlt man auch einfach nur mit. Ich habe auch die Texte übernommen, von Menschen, die näher am Patienten sind, als ich und die eigentliche Zielgruppe. Schon allein, weil ich jede Geschichte bewegend finde. Aus einer Geschichte einer Ehefrau kamen dann noch zwei spannende weitere Geschichten hinzu. Die beiden Kinder berichten, wie es ihnen mit ihrem Vater geht und ging. Als kleines Detail haben sie sich gegenseitig verordnet, die anderen Texte nicht vorher zu lesen. Ich bin sicher, an den unterschiedlichen Sichtweisen hat diese Familie auch selbst nochmal viel gelernt.

Allen Gastautoren bin ich für ihre Offenheit sehr dankbar. Und wünsche ihnen und den entsprechenden „Sorgenkindern" alles Gute!

RAIMER

Raimer ist 2014 ins Wachkoma gefallen. Zunächst hatte ich Kontakt mit der Ehefrau. Eigentlich nicht ganz die Zielgruppe für dieses Buch. Sie ist die Partnerin, sie ist diejenige, die fast täglich ihren Mann besucht und mit den Sorgen nah dran ist. In ihrem Bericht erzählte sie auch von den zwei erwachsenen Kindern. Natürlich habe ich sie gefragt, wie es den Kindern geht. Sie sagte zu, beide Kinder auch um ihre Sichtweise der Dinge zu bitten und ganz interessant, sie fand es spannend, ihren Text im Vorfeld nicht preis zu geben. Hier finden sich also die drei Schilderungen des Herzinfarkts von Raimer und das Einfinden in ein neues Leben. Aus drei verschiedenen Perspektiven.

MEIN MANN RAIMER

Unsere Geschichte beginnt Anfang März 2014. Zu diesem Zeitpunkt bin ich 51 Jahre alt, arbeite halbtags als MTA im Krankenhauslabor in unserer Stadt. Mein Mann Raimer, im Oktober 60 geworden, ist ganztags an der Uni Kassel beschäftigt. In unserem Leben beginnt gerade ein neuer Abschnitt: die Kinder sind flügge geworden - Sohn Michael 27 hat sein Studium beendet, ist berufstätig und wohnt seit mehreren Jahren nicht mehr zu Hause, Nesthäkchen Lena 20 hat gerade angefangen zu studieren und ist ebenfalls nach Kassel gezogen. Mein Mann und ich wollen für uns eine kleinere Wohnung suchen, die Zweisamkeit wieder genießen, wie früher, nur zur zweit etwas unternehmen. Als erstes soll es für ein paar Tage nach Wangerooge gehen, eine Unterkunft und Fähre sind für Ende Mai gebucht, wir freuen uns riesig!

In der Nacht vom 5. auf den 6. März wacht Raimer mit Schmerzen in der Brust auf, die Beschwerden verschwinden jedoch nach einer warmen Dusche und mein Mann beschließt, erst am nächsten Morgen zum Arzt zu gehen. Dort wird er untersucht, weder EKG noch Blutergebnisse zeigen Auffälligkeiten, der Arzt vermutet eine Muskelverspannung. Die nächsten vier Tage scheinen ihm Recht zu geben, die Schmerzen sind weg. Dann kehren sie wieder zurück, mein Mann sucht erneut seinen Hausarzt auf, kommt wieder „ohne Befund" nach Hause. Eine halbe Stunde später erleidet er einen Herzinfarkt, er wird bewusstlos. Ich rufe sofort den Notdienst an und beginne mit Reanimation. Raimers Gesicht ist blau, es drückt Schmerzen und Angst aus. Dieses Bild wird mich mein Leben lang begleiten...

Ich verliere vollkommen das Zeitgefühl, alles scheint ewig zu dauern. Irgendwann kommt der Rettungsdienst, übernimmt die Reanimation. Obwohl wir fast gegenüber vom Krankenhaus wohnen, dauert es recht lange bis ein Notarzt kommt. Wie ich später erfahre, ist unser Arzt drei Minuten früher zu einem Einsatz gerufen worden, zu uns wird ein Notarzt aus dem 30 Kilometer entfernten Melsungen geschickt. Ich bin wie versteinert, wie ein Roboter tue ich was man mir aufträgt: schiebe die Möbel um Platz zu machen, suche Raimers Versichertenkarte, halte die Infusion...

Es dauert fast eine Stunde bis mein Mann transportfähig ist, er wird ins Krankenhaus gebracht. Dort kommt er sofort ins Herzkatheterlabor, ein Stent wird eingesetzt. Ich versuche ruhig zu bleiben, positiv zu denken: Raimer lebt, er wird versorgt, alles wird gut. Ich überlege, ob ich die Kinder sofort anrufen soll, dann will ich doch etwas warten: Michael hat am Nachmittag ein Vorstellungsgespräch, Lena ihre erste große Prüfung und mein Mann scheint alles gut überstanden zu haben. Ich spreche darüber mit der Krankenschwester, die bei Reimers Eingriff dabei war, sie ist auch unsere Nachbarin und gute Freundin. Sie sagt: „Ruf die Kinder gleich an" und die Angst kriecht wieder in mir hoch.

Dann heißt es warten, warten, warten. Raimers Körper wird heruntergekühlt, an zahlreiche Kabel, Schläuche und eine Beatmungsmaschine angeschlossen. Mein Mann sieht verändert und aufgedunsen aus, aber er lebt, wir können hoffen. Der zuständige Arzt meint, dass sein Zustand stabil ist, man weiß allerdings nicht, was während der langen Reanimationszeit im Gehirn passiert ist. Also, wieder warten...

Die Kinder und ich wechseln uns am Bett meines Mannes ab, als Mitarbeiterin des Hauses darf ich zu jeder Zeit kommen und beliebig lange bleiben. Ich gehe nur nach Hause um den Hund zu versorgen und ein paar Stunden zu schlafen. Die Kolleginnen von der Intensivstation versorgen mich rührend mit Getränken und, was noch wichtiger ist, reden viel mit mir über Raimers Zustand, seine Behandlung und Veränderungen. Auch unsere Ärzte kommen oft vorbei und sprechen mit mir. Das nimmt mir etwas Angst, auch wenn die Nachrichten nicht immer gut sind. Sie alle helfen mir diese schlimme Zeit zu überstehen und ich bin ihnen dafür unendlich dankbar. Bei meinem Mann werden langsam die sedierenden Medikamente abgesetzt und wir warten mit wachsender Spannung darauf, dass er wach wird. Mit Argusaugen beobachten wir seinen Körper, suchen nach der kleinsten Bewegung. Starren die Pulsanzeige an, hoffen irgendwelche Veränderung zu sehen, während wir ihn ansprechen, seine Hand streicheln. Aber es passiert nichts.

Nach einigen Tagen ist mein Mann kardiologisch „austherapiert", sein Allgemeinzustand ist stabil. Eine neurologische Frühreha wird beantragt und genehmigt, wir bekommen recht schnell einen Platz in einer Neurologischen Klinik, nur 15 km vom Wohnort entfernt. Eine neue Hoffnung! Und dann auch noch zwei Tage vor der Verlegung macht Raimer die Augen auf! Er guckt zwar noch nicht gezielt, aber es ist doch erst der Anfang! Wir sind glücklich und zuversichtlich. Doch dann wird mein Mann unruhig, er bekommt Fieber, sein Bauch wird hart. Eine Ultraschalluntersuchung zeigt freie Flüssigkeit im Bauchraum. Die PEG hat eine undichte Stelle, die eingeführte Nahrung und Medikamente haben sich im Bauchraum verteilt und eine großflächige Bauchfellentzündung verursacht. Bei einer Notfall-OP wird der Bauch auf der ganzen Länge aufgeschnitten und in den folgenden Tagen mehrfach gespült. Erst nach vier Wochen kann die OP-Wunde geschlossen werden. Heute weiß ich, dass die weit geöffneten Augen keine Wachheit sondern Schmerz und Stress bedeuteten. Zwischenzeitlich kommt es zu starken Darmblutungen, mein Mann bekommt mehrere Blutkonserven. Die blutverdünnenden Medikamente müssen sofort abgesetzt werden, auch auf die Gefahr hin, dass es erneut zum Herzinfarkt kommt. Inzwischen wiegt Raimer, bei einer Größe von 180 cm nur noch 48 Kilo.

Mittlerweile warte ich ständig unbewusst auf eine neue Hiobsbotschaft. Sie lässt auch nicht lange auf sich warten: Die Ergebnisse der neurologischen Untersuchungen sind sehr schlecht, die Ärzte sagen: „Ihr Mann hat einen schweren hypoxischen Hirnschaden, er wird mit der größten Wahrscheinlichkeit nicht mehr aufwachen". Die Formulierung „mit der größten Wahrscheinlichkeit" begleitet uns, die Angehörigen von Wachkomapatienten, ständig. Und sie ist gleichzeitig ein Fluch und ein Segen. Sie bringt mit sich was so schlimm für uns ist: Die quälende Unsicherheit darüber, was unsere Lieben mitbekommen, was sie spüren und empfinden können. Aber sie lässt uns auch einen kleinen Rest Hoffnung behalten. Ich weine nur sehr selten. Ich weiß nicht ob das gut ist, aber ich habe einfach Angst damit nicht mehr aufhören zu können. Angst, dass die Tränen mir die Kraft rauben, die ich jetzt so dringend für meine Familie brauche.

Nach sechs Wochen Intensivstation kommt mein Mann in eine neurologische Klinik, es folgt eine Frührehabilitation. Sie wird allerdings durch einen Krankenhausaufenthalt unterbrochen: Eine neue PEG muss angelegt werden. Auch diesmal kommt es zu Komplikationen, die Raimers Allgemeinzustand verschlechtern und die weitere Rehabilitation erschweren. Ende Juni wird mein Mann entlassen und in ein 15 Kilometer entferntes neurologisches Pflege- und Betreuungszentrum verlegt. Er lebt dort bis heute.

Sein Zustand hat sich seitdem nicht wesentlich verändert: Er atmet zwar selbstständig, doch die Trachealkanüle kann nicht entfernt werden. Die Ernährung erfolgt durch eine Sonde. Wir können nicht mit ihm kommunizieren, wissen nicht wie weit er uns und seine Umgebung wahrnimmt. Ich besuche meinen Mann täglich, nur wenn meine Arbeitszeiten besonders ungünstig liegen, muss ich darauf verzichten. Unsere Kinder kommen sooft es ihnen möglich ist, doch es ist mir sehr wichtig, dass dieser Schicksalsschlag ihre Zukunft nicht zerstört. Wir sitzen an Raimers Bett, halten und streicheln seine Hand, erzählen ihm alles was passiert ist, spielen seine Lieblingsmusik und Eisenbahnaufnahmen vor. Insgesamt hoffe ich, dass mein Mann sich seiner Lage nicht bewusst ist, aber dass er doch unsere Anwesenheit und unsere Liebe spüren kann.

Für mich ist es sehr schwierig mit dem neuen Leben Frieden zu schließen. In 30 gemeinsamen Jahren wächst man sehr eng zusammen, es gibt mehr WIR als ICH. Den gemeinsamen Alltag mit geteilten Sorgen und Freuden, aber auch gemeinsame Wünsche, Träume und Pläne. Und auf einmal ist all das weg: Keine Pläne, keine Zukunft mehr. Man sagt „geteilte Sorgen sind halbe Sorgen" und das spüren wir im Leben immer wieder, doch jetzt merke ich sehr stark eine andere Wahrheit: NICHT geteilte Freuden sind nur halbe Freuden...

Das erste halbe Jahr war sehr kraftaufreibend: Die ständige Angst, das Bangen um Raimers Leben, der nervige Kampf mit Behörden, zwischendurch ein Umzug und, und, und. Manchmal habe ich mich gefragt, wie ich das alles durchhalten soll. Doch im Nachhinein denke ich, dass diese Zeit in mancher Hinsicht einfacher war als die heutige. Es war noch sehr viel Hoffnung da, ein Gefühl etwas bewegen zu können. Ich habe mich lebendiger gefühlt als jetzt. Es belastet mich sehr, dass ich so wenig für meinen Mann tun kann. Meine passive Rolle verstärkt das Gefühl der Machtlosigkeit und Verzweiflung. Ich würde ihn so gern zu Hause haben, wenigstens einen Teil der Pflege übernehmen, mehr Zeit mit ihm verbringen. Doch leider ist das im Augenblick aus verschiedenen familiären und auch finanziellen Gründen nicht möglich.

Raimers Krankheit hat mein Leben grundlegend verändert. Nicht nur der Alltag ist ganz anders geworden, auch vieles was um mich passiert, bekommt plötzlich ein völlig anderes Gewicht. Ich staune wie lässig ich auf einmal mit Geschehnissen und Situationen umgehen kann, die mir früher schlaflose Nächte bereitet haben. Wenigstens das ist positiv. Aber auch Glück hat ein anderes Gesicht bekommen: Wenn mein Mann in seinen Rollstuhl rausgesetzt werden kann, wenn ich mit ihm in den Park fahren, auf der Bank sitzen, in der Eisdiele Cappuccino trinken kann. Diese Tage sind für mich und unsere Kinder etwas besonderes, sie vermitteln uns ein Gefühl von Normalität und Familienleben.

Ach ja und dann die Schuldgefühle. Ich habe sie immer wieder. Auch wenn mein Kopf mir etwas anderes sagt, so fühle ich mich doch irgendwie unwohl, wenn ich in Raimers Anwesenheit einen Kaffee trinke (sein Lieblingsgetränk), während in seine Sonde nur Wasser reinläuft. Ich habe Angst ihn traurig zu machen wenn ich von meinen Treffen mit Freunden, Essen mit den Kindern erzähle.
Herz über Kopf...

Über die Zukunft mache ich mir jetzt keine Gedanken, ich weiß nicht, was noch auf uns zukommt. Auch das ist neu in meinem Leben. Früher habe ich alles genauestens geplant, das hat mir ein Gefühl von Sicherheit gegeben. Nun musste ich lernen, was alles passieren kann ohne dass wir einen Einfluss darauf nehmen können. Ich lebe von einem Tag auf den anderen – eine Mischung aus Gelassenheit und Resignation.

Unsere Freunde und Bekannten reagierten auf die Nachricht von Raimers Schicksal mit großer Bestürzung und Mitgefühl. Sie riefen uns oft an, fragten nach Veränderungen. Es war sehr tröstlich und hat uns immer wieder neue Kraft gegeben. Es gab auch einige „Freunde" die sich bei uns nie gemeldet haben. Das hat sehr wehgetan, besonders weil es zum Teil Menschen waren, die meinen Mann sehr lange kannten und von denen er sehr viel gehalten hat. Wir haben aber auch das Gegenteil erfahren – Freunde und Bekannte, mit denen unser Kontakt im Laufe der Zeit selten geworden ist, riefen plötzlich regelmäßig an, kamen um uns zu besuchen.

Seitdem sind mehr als zwei Jahre vergangen. Für die anderen ist der Alltag zurückgekehrt, sie leben ihr altes Leben weiter. Von meinem alten Leben ist nicht mehr viel übrig geblieben. Ich musste alles neu ordnen, versuchen meinen Platz in der neuen Wirklichkeit zu finden. Das dieser Platz vor allem bei meinem Mann ist, steht für mich außer Frage. Wie schon so oft in den letzten 30 Jahren werden wir auch dieses Schicksal gemeinsam meistern. Mit Pflichtgefühl hat dieses nichts zu tun, es ist eher so, dass man nicht aufhört, jemanden zu lieben, nur weil er nicht mehr mit uns kommunizieren und kein „normales" Leben führen kann.

Um uns ist es still geworden. Raimer bekommt nur sehr selten anderen Besuch. Ich denke, viele Menschen können nur sehr schlecht damit umgehen, zu jemandem zu sprechen, der keine Antwort geben kann. Es macht eben unsicher, wenn sie nicht wissen, ob sie von ihm wahrgenommen werden. Vielleicht erscheint es ihnen auch sinnlos. Das aber, teilt mein Leben in zwei Welten. Die eine, in der ich weiter arbeite, Dinge des Alltags erledige, ab und zu etwas unternehme. In dieser Welt erfahre ich viel Unterstützung. Meine Freunde sorgen sich um mich, helfen mir, wo sie nur können, geben mir das Gefühl bei ihnen immer willkommen zu sein. Wir treffen uns, gehen zusammen essen, sie lachen und weinen mit mir.

Doch da ist noch die andere Welt, meilenweit von der ersten entfernt. Die betrete ich, wenn ich meinen Mann besuche, dort wo jetzt mein Familienleben zum größten Teil stattfindet. Wir haben eben kein anderes und wir werden es wahrscheinlich nicht mehr bekommen. Dort ist es jetzt recht einsam. Ich würde mir sehr wünschen, dass diese Welten zusammenkommen oder wenigstens näher zusammenrücken können. Auch bei uns sind alle herzlich willkommen!

Du hast nach dem „Abschied von der alten Person" gefragt. Bei mir ist das eher ein Abschied von meinem alten Leben, Plänen und Träumen, den ich nehmen muss. Mein Mann ist für mich der gleiche geblieben. Vielleicht wäre das anders, wenn er kommunizieren, seine Gefühle und Empfindungen äußern könnte, wenn ich bei ihm eine Wesensveränderung festgestellt hätte. Doch so, haben sich nur seine Möglichkeiten am Leben teilzunehmen verändert, und um sie herum muss ich jetzt unser neues, ganz anderes Leben „stricken". Es ist immer noch sehr schmerzhaft für mich, wenn ich die Touristenpärchen sehe, die Hand in Hand durch unser Städtchen schlendern. Oder wenn ich allein hingehe, wo mein Mann mich sonst begleitet hat, höre, wie andere Urlaubspläne schmieden. Sogar wenn Paare im Supermarkt gemeinsam einkaufen und dabei heftig streiten. All das war früher auch unser Leben und wir bekommen es nie wieder zurück. Ja, Abschied nehmen tut weh...

MEIN VATER RAIMER –
DER SOHN MICHAEL BERICHTET

Ich bin Michael, bin heute 29 Jahre alt und habe mit meinem Vater vor ca. 2 ½ Jahren das letzte Mal gesprochen. Heute geht es mir den größten Teil der Zeit gut. Nach über zwei Jahren nach dem Ereignis, von dem ich nachfolgend berichte, habe ich es geschafft meinen eigenen Frieden mit der Geschichte und der Situation zu finden. Der Weg bis heute war und ist nicht immer einfach und immer wieder gibt es Situationen, die einen zurückwerfen und einen inneren Kampf erfordern. Doch beginnen wir von Anfang an....

Das Ereignis
Es war der 11. März 2014. Ich bereitete mich grade auf mein Vorstellungsgespräch vor. Im Kopf ging ich die Fragen, auf die ich mich vorbereitet habe, noch ein Mal durch. Gleichzeitig bügelte ich über das Hemd, das ich zum Vorstellungsgespräch in Kassel tragen würde. Schon länger hatte ich über einen Berufswechsel nachgedacht und wollte auch einfach mal schauen, welche Perspektiven sich mir so bieten. Ich erhielt eine WhatsApp Nachricht meiner Mutter mit der Frage, wann ich denn mein Vorstellungsgespräch habe. Ich antwortete, dass ich mein Gespräch um 2 Uhr hätte und vorher noch zum Friseur müsste. Nach dem Bügeln wollte ich mit der Straßenbahn zum Friseur und von dort aus direkt zum Vorstellungsgespräch weiterfahren. Soweit der Plan. Doch schon in der Art der Frage und dem Nachsatz, ich solle mich einfach danach noch mal melden hatte ich ein flaues Gefühl im Magen. Es war die

gleiche Art wie mich damals die Nachricht vom Tod meines Großvaters erreichte, als ich grade im Urlaub war. Ich ging davon aus, dass irgendetwas mit meiner Großmutter geschehen sei, schließlich war sie auch schon über 80, alleinstehend und bereits in den letzten Jahren hatte sie körperlich und geistig etwas nachgelassen.

Ich stieg in die Straßenbahn, konnte die Gedanken, dass vermutlich etwas mit meiner Großmutter passiert war nicht ganz verdrängen. Trotzdem kramte ich meine Karteikarten in der Vorbereitung auf das Vorstellungsgespräch noch mal heraus und bereitete mich auf das Gespräch vor. Nach 5 Minuten Bahnfahrt klingelte mein Mobiltelefon... Meine Mutter...

Schien wirklich etwas mit meiner Großmutter zu sein. Schon in den ersten Wörtern hörte ich ihre Verzweiflung und Trauer heraus. Sie müsse mich jetzt doch anrufen. Mein Vater hätte einen Herzinfarkt gehabt, man wüsste nicht, ob er es überlebt. Mein Magen drehte sich um, ich stieg sofort aus der Bahn aus, sagte meiner Mutter, dass ich sofort kommen würde und stieg sofort in die nächste Bahn in die Gegenrichtung wieder ein. Ich rief in der Firma an, bei der ich das Vorstellungsgespräch gehabt hätte, entschuldigte mich und bat um eine zweite Chance. Danach rief ich meine Freundin an, die auch bereits durch Zufall in der Stadt war, in der sich auch das Krankenhaus befand. Wieder an der Wohnung angekommen, packte ich die wichtigsten Sachen im Rucksack zusammen und stieg ins Auto.

An die Autofahrt erinnere ich mich nur noch sehr wage. Ich weiß nur, dass ich so schnell fuhr wie es mit dem Auto ging und unterwegs noch mit meiner Freundin telefonierte, die mir erzählte sie sei nun im Krankenhaus, aber wegen irgendwelchen Papierkram (die Versichertenkarte meines Vaters lag nicht vor und es wurden noch keine Daten aufgenommen) würde man sie nicht zu meinem Vater lassen. Neben Angst und dem Gefühl einer Hilflosigkeit mischte sich nun auch noch Wut dazu. Kurz danach fuhr ich am Krankenhaus vor, parkte und ging schnell zum Haupteingang.

Krankenhaus

Ich betrat das Krankenhaus, meine Freundin wartete schon. Schnell ging ich zur Anmeldung und füllte die Daten für meinen Vater soweit es ging aus. Am Ende sagte ich noch, dass meine Mutter den Rest dann nachtragen würde, wenn wir die Versichertenkarte meines Vater gefunden hätten, da sie im Krankenhaus arbeite wäre sie ja sowieso vor Ort. Ach wenn man das gewusst hätte, hätte man das ich hinterher machen können. Ich war sehr sauer, dass man mit dem bürokratischen Mist so lange aufgehalten wurde. So etwas könnte man doch auch später noch erledigen….

Schnell machte ich mich auf den Weg um meine Mutter zu finden. Sie saß im Wartebereich und meinte, dass wir noch warten müssten. Sie erzählte mir wie alles abgelaufen war. Wie sie nach Hause gekommen sei und mein Vater noch die letzten Worte gesagt habe, ehe sie ihn auf dem Sofa vorfand, auf dem er soeben den Herzinfarkt erlitten hatte. Wie sie den Notruf wählte und anfing ihn wiederzubeleben. Wie die ersten Rettungskräfte eintrafen, der Notarzt aber aus knapp 30km Entfernung kommen musste, weil der Notarzt aus dem Krankenhaus gegenüber (knappe 2 Gehminuten von der Wohnung meiner Eltern entfernt) selbst in einem anderen Fall unterwegs war. Von den Schwierigkeiten meinen Vater in den Krankenwagen zu verladen. Davon, dass er die Woche vorher noch beim Arzt war, weil er über Schmerzen im Brustkorb und im Arm klagte. Alles in allem mit über einer Stunde viel zu lange. Mit hoher Wahrscheinlichkeit hatte mein Vater durch die lange Zeit, die sein Gehirn mit Sauerstoff unterversorgt war, Hirnschäden davongetragen.

Es fiel mir schwer die Fassung zu behalten. Immer wieder schossen mir Tränen in die Augen und ich hatte das Gefühl, dass sich mir die Kehle zuschnürt. Immer wieder kamen Kollegen und Kolleginnen meiner Mutter vorbei um uns Mut zuzusprechen und uns ihr Beileid zu bekunden. Alles zu diesem Zeitpunkt fühlte sich an wie ein schlechter Traum, wie etwas, das man gar nicht wirklich erlebt. Ich erinnere mich noch an das Gespräch, das ich mit meiner Mutter am Wochenende zuvor geführt habe. Am Ende fragte sie mich noch, ob ich mit meinem Vater telefonieren wollte. Ich sagte, das wäre nicht nötig, schließlich würden wir uns ja in der nächsten Woche an der Arbeit sehen. Ich bereue es heute noch die Möglichkeit zum letzten Gespräch mit meinem Vater nicht genutzt zu haben…

Nach einer gefühlten halben Ewigkeit hatte man es geschafft, meinem Vater den Stent zu setzen und ihn auf die Intensivstation zu bringen. Der Anblick meines Vaters war sehr schwer zu ertragen. Er hing an Maschinen die ihn beatmeten, ihn herunterkühlten und ihn überwachten. Hätte es eine Kurbel zum Helfen gegeben, hätte ich unermüdlich gekurbelt. Ich konnte aber nichts tun. Niemand von uns konnte es. In dieser Situation fühlte ich mich hilflos und verloren.

Durch das Herunterkühlen war er beim Berühren eisig kalt. Wir versuchten mit ihm zu sprechen, mit jedem Wort, das wir zu ihm sprachen, hatte ich die Hoffnung, dass er gleich die Augen aufmachen würde. Oder ich endlich aus dieser surrealen Situation aufwachen würde und mein Vater wieder vor mit steht und mich in den Arm nimmt, wie er es sonst immer gemacht hat, wenn wir uns gesehen haben.

Die Zeit im Krankenhaus
Die nächsten Tage verbrachte ich fast täglich mehrere Stunden im Krankenhaus. Ich sprach zu meinem Vater, starrte auf die Überwachungswerte, verfolgte das Piepen der Maschinen und achtete auf jede noch so kleine Zuckungen meines Vaters. Bei jeder kleinen Änderung der Werte, bei jeder Unregelmäßigkeit in der Atmung meines Vaters oder in den Signaltönen schreckte ich zusammen, bereit sofort bei den Stationsschwestern Alarm zu schlagen. Jede

Sekunde meiner Anwesenheit wartete ich darauf, dass mein Vater die Augen aufschlug. Aber es geschah einfach nicht. Die Tage vergingen, und so auch mit der Zeit die Hoffnung auf Besserung. Nach ungefähr 2 Wochen der Hoffnung teilte man uns mit, dass bei meinem Vater keine Gehirnströme gemessen werden konnten. Aber die Messergebnisse seien kein Beweis, dass er nicht doch etwas mitbekommen würde. Also redeten wir weiter mit ihm, berührten ihn und waren bei ihm, damit er, falls er noch etwas mitbekommt, nicht alleine ist. Nach der ersten Woche, fing ich wieder an zu arbeiten, merkte aber sehr schnell, dass ich eigentlich keine Leistung brachte. Zu viel dachte ich an meinen Vater und an meine restliche Familie. Zu viel dachte ich über das nach was noch kommt, an finanzielle Sorgen und wie wir mit allem zurecht kommen sollen. Mein Vater war immer der starke Part der Familie, der auch mich immer wieder unterstützte, ob ich wollte oder nicht. Alles schien mir zu schwer und nicht mehr zu bewältigen. Ich fühlte mich ohnmächtig und zu schwach, das Leben selbst meistern zu können.

Plötzlich war ich das Oberhaupt der Familie und musste alles verwalten und wissen und war nicht nur verantwortlich für meine eigenen Sachen, sondern auch für meinen Vater, meine Mutter und meine Schwester. Immer wieder kamen Anrufe zu bestimmten Situationen oder Problemen, auf die man Antworten von mir erhoffte. Aber in den meisten Situationen hatte ich keine direkten Antworten zu diesem Thema, sondern versuchte, neben meinem eigenen Leben noch das Leben der Anderen in meinem Umkreis, so gut es ging, zu unterstützen.

Änderungen
Innerhalb der ersten Monat durchlebte mein bzw. unser Leben viele Änderungen. Neben dem Jobwechsel in eine neue Firma, meiner Ausbildung zur Fachkraft für Arbeitssicherheit, die ich maßgeblich berufsbegleitend über meine neue Firma freitags und samstags machen musste und der Umzüge meiner Mutter, meiner Schwester, sowie meiner Freundin und mir in neue Wohnungen, gab es auch

viele Änderungen der Gesundheitszustände meines Vaters. Immer wieder wurden die Zustände etwas besser, was einem viel Hoffnung gab, wurden aber auch im gleichen Maße wieder schlechter, was einem die Hoffnung wieder nahm. Wir wussten schon längst, dass mein Vater nicht mehr der sein würde, der er mal war, hatten aber doch immer noch die Hoffnung, dass sich sein Zustand bessern würde. Der Alltag und vor allem die Gedanken wurden maßgeblich durch den Zustand meines Vaters bestimmt. Während dieses ersten halben Jahres war ich sehr oft bei meinem Vater.

Nach einigem Hin und Her wurde meinem Vater irgendwann eine Frühreha genehmigt. Wir fieberten der Verlegung entgegen und verbanden viele Hoffnungen damit. Als ich mich erkundigte, wie die Verlegung gelaufen sei, teilte mir meine Mutter mit, dass diese abgebrochen wurde, weil mein Vater nach Lösen von den Maschinen instabil geworden sei. Wie sich später herausstellte, war eine defekte Magensonde der Auslöser gewesen. Hierdurch hatte sich der Bauchraum entzündet und mein Vater musste mehrmals operiert werden, bekam einen Schwamm eingesetzt und wurde wieder im Krankenhaus auf der Intensivstation an die Maschinen angeschlossen. Merkwürdigerweise belastete mich dies gar nicht mehr so sehr wie ich es erwartet hätte. Vermutlich durch das bereits längere Hin und Her mit der Gesundheit meines Vaters und den dauernden Sorgen, die man sich immer machte, war das nur eine weitere Sorge, die noch dazu kam. Einige Wochen später schaffte man es dann, ihn in die Frühreha zu verlegen, allerdings war wieder einige Zeit vergangen und die Chancen auf Besserung noch mal gesunken. Später gab es immer wieder gaben Auf und Ab mit Problemen und Verlegung in ein Krankenhaus, weil etwas nicht funktionierte oder schief gegangen war. Und durch meine neue Arbeitsstelle und parallele Ausbildung versuchte ich mich stark auf meine berufliche Situation zu konzentrieren und versuchte die Situation nicht ganz an mich heranzulassen.

Mein Zusammenbruch
Bereits einige Wochen zuvor hatte ich immer wieder Probleme. Ich hörte immer wieder Krankenwagensirenen wo keine waren, konnte mich nicht konzentrieren, hatte dazu noch einen großen Stress bei der Arbeit mit Projektarbeiten und zusätzlich noch Prüfungsvorbereitungen. Wenn ich die Wochenenden nicht in den Ausbildungsschulungen war, lernte ich für die Prüfungen, nebenbei versuchte ich meiner Freundin die Hausarbeit so gut es ging abzunehmen, meine Familie in Alltagsproblemen zu unterstützen und meinen Vater zu besuchen. Auch zu Hause ließ mich die Arbeit nicht los, auch lange nach Feierabend und direkt nach dem Aufstehen dachte ich an all das, was noch zu erledigen war und was ich noch vor mir hatte. Zusätzlich zu den anderen Aufgaben die täglich so anfielen, sei es Papierkram oder Probleme wie die Pflege meines Vaters zukünftig gestemmt werden sollte. Richtig beraten hierzu wurde man nämlich leider nicht. Jeden Tag, den ich nicht bei ihm war, hatte ich Gewissensbisse, ihn im Stich zu lassen und besuchte ihn daher auch so oft es ging nach der Arbeit bzw. am Wochenende. Also hangelte ich mich weiter, Tag um Tag.

Eines Tages saß ich am Frühstückstisch. Meine Umgebung nahm ich nicht mehr wirklich wahr, auch meine Freundin, die mit mir sprach, registrierte ich nur noch am Rande. Alles schien mir schwer und nicht schaffbar, ich hatte schon seit einiger Zeit mit Panikattacken zu kämpfen. An diesem Tag war ich aber vollständig gelähmt. Meine Freundin, die mich in dieser ganzen Zeit schon stark unterstützte und auch von mir einiges abnahm, schickte mich zum Arzt. Dort wurde ich dann wegen psychischer Probleme insgesamt zwei Monate krank geschrieben. Dies gab mir die Zeit, die ich brauchte, um die posttraumatische Belastungsstörung, welche ich durch den Verlust meines Vaters erlitten hatte, zu verarbeiten und eine Verhaltenstherapie zu beginnen. Diese hat mir geholfen, mir meine eigenen Grenzen zu verdeutlichen und mich selbst vor Überforderungen zu schützen. Insbesondere hat es mir gezeigt, dass ich einige Sachen einfach akzeptieren muss, da ich sie nicht beeinflussen kann. Heute konzentriere ich mich auf die Sachen die ich kontrollieren kann und denke, dass mein Vater auf das, was ich bis heute geschafft habe und wie ich mich entwickelt habe, stolz ist oder stolz wäre.

Heute

Heute wohne ich knapp 500km weit weg, in Bayern. Ich habe meine Arbeitsstelle gewechselt und bin bei einem Arbeitgeber gelandet, wo ich nicht verheizt werde und wo mehr geleistete Zeit entsprechend ausgeglichen wird. Dies gibt mir auch die Zeit, die ich für mich und meine Gedanken benötige. Alle 1 ½ Monate fahre ich mal wieder bei meinem Vater vorbei, nehme mir aber auch einfach die Freiheit es mal nicht zu tun wenn es mir zu viel wird. Ich denke mir immer, dass dies auch im Sinne meines Vaters gewesen wäre und er nicht gewollt hätte, dass ich mich selbst dadurch verliere. Ich tue mich heute immer noch schwer damit die Situation zu fassen. Da sein Körper noch da ist, atmet und arbeitet, ist er immer noch da, gleichzeitig aber auch nicht. Über allem, auch trotz der geringen Wahrscheinlichkeit, schwebt auch immer noch die Hoffnung, dass er irgendwann wieder aufwacht. Dies verhindert es auch endgültig Abschied nehmen zu können und die Situation in der Gänze zu akzeptieren. Man weiß nicht, ob das was man ihm immer erzählt, wenn man an seinem Bett sitzt, ihn auch erreicht, oder ob man sich selbst auch etwas vormacht und es einfach nur hofft. Sehr oft kommen mir die Tränen, insbesondere wenn ich im Fernsehen bewegende Familienmomente sehe, oder Szenen in Filmen oder Serien, in denen Menschen im Koma liegen. Diese lösen in mir immer wieder Erinnerungen aus, das Gefühl wie es für die Angehörigen in dieser Situation ist.

Trotz allem geht es mir gut. Ich habe wieder lernen müssen mein Leben zu genießen, meine Grenzen abzustecken und mit dem neuen Zustand meines Vaters zu leben. Ich bin froh bei Freunden und Familie Unterstützung und Trost gefunden zu haben. Ich selbst habe gelernt die einzelnen Momente meines Lebens zu genießen und so wenig wie möglich auf später zu verschieben. Ich habe auch festgestellt, dass ich doch mehr geschafft habe, als ich geglaubt habe. Ich bin gestärkt aus der Situation hervorgegangen und habe mich und meine Möglichkeiten durch die Situation besser kennen gelernt.

Zukunftsgedanken
Dennoch habe ich Zukunftssorgen und diese sind ziemlich vielseitig. Die betreffen sowohl die finanzielle Situation der ganzen Familie. Immerhin muss meine Mutter ihr gesamtes Gehalt über dem Freibetrag an den Landeswohlfahrtsverband abgeben. Ich zahle die Hälfte meines Einkommens über dem Freibetrag und wer weiß, wie lang mein Vater noch in dieser Situation bleibt. Dann ist da die Sorge, wie es meiner Mutter gehen wird, wenn mein Vater endgültig verstirbt. Sie hatte bereits einmal nach dem Tod ihres Vaters mit einer Depression zu kämpfen, die auch für die gesamte Familie schwer war. Sollte meine Schwester auch noch in die Ferne ziehen, ist da wieder die Sorge, wie es meiner Mutter gehen wird. Wenn dann noch unser Hund verstirbt, wäre sie sehr einsam zu Hause. Auch die Sorge, dass meiner Mutter etwas ähnliches zustoßen könnte und dass ich dann nicht mehr zu Hause wäre, um mich um sie zu kümmern.

Des Weiteren sind es auch Sorgen die mich in der „eigenen" Familie betreffen. Auch ich möchte in den nächsten Jahren Kinder haben. Da mein Vater etwa in meinem Alter seine Eltern damit früh verloren hat, habe ich die Sorge, dass es meinen Kindern auch so ergehen könnte und dass auch sie irgendwann diese schwere Bürde tragen müssten. Des Weiteren hätte ich dann einfach zu wenig Zeit mit meinen Kindern und eventuell sogar den Enkelkindern.

Schuldgefühle gegenüber meiner Mutter habe ich auch. In gewisser Weise würde ich sie auch gerne mehr unterstützen, aber sowohl sie als auch ich haben damals bei meinem Zusammenbruch meine Grenzen kennen gelernt. Seitdem nimmt sie auch Rücksicht darauf und hat mittlerweile auch gelernt, sich selbst um die Sachen zu kümmern. Und mein Vater hätte das alles nicht gewollt und es nicht gewünscht, dass wir selbst daran zerbrechen. Und somit kann ich nur das erbringen, was ich mir zutraue und was mir möglich ist. Meine Mutter hatte mal überlegt meinen Vater zu Hause pflegen zu wollen, aber davon habe ich ihr abgeraten. Meiner Meinung nach haben wir ein sehr gutes Pflegeheim für meinen Vater gefunden und so hat meine Mutter auch mal die Möglichkeit, etwas für sich zu machen und auch mal abzuschalten.

MEIN VATER RAIMER –
DIE TOCHTER LENA ERZÄHLT

Mein Name ist Lena, ich bin 22 Jahre alt und studiere seit drei Jahren Maschinenbau in Kassel. Als ich anfing zu studieren war ich unsicher, ob ich ein solches Studium wirklich schaffen kann, doch ich wusste, dass mein Bruder Michi und mein Vater mir dabei helfen werden. Somit lernte ich für eine meiner ersten Klausuren im März 2014 ein komplettes Wochenende mit meinem Vater, verbrachte viel Zeit mit ihm und war dann gut auf die Klausur vorbereitet. Also fuhr ich Montagmorgen nach Kassel, wo mich mittags der Anruf von Michi erreichte, dass unser Vater einen Herzinfarkt gehabt hätte und nun künstlich beatmet werde. In diesem Moment war ich völlig überfordert und wusste nicht wohin mit mir, hatte irgendwie das Gefühl, die Welt sei stehen geblieben und fühlte nichts als Leere und konnte die Info kaum verarbeiten.

Eigentlich wollte ich sofort nach Fritzlar fahren, doch Michi meinte, ich könne dort in diesem Moment nichts machen und er sei dort, sodass unsere Mutter nicht alleine sei. Also überlegte ich noch eine Weile, was mein Vater gewollt hätte und entschied mich, meine Klausur zu schreiben, damit er nicht umsonst mit mir gelernt hat.

Als ich abends dann im Krankenhaus in Fritzlar ankam, schockierte mich der Anblick. Wie mein sonst so agiler Vater nun so leblos dort lag, runtergekühlt und ohne irgendeine Reaktion, ließ mich das erste Mal daran denken, dass er es vielleicht auch nicht schaffen könnte. In dem Moment zog es mir als Papa-Kind den Boden unter den Füßen weg und ich war froh, dass meine Familie da war, und wir uns gegenseitig auffangen und trösten konnten. In diesem Moment war ich unendlich dankbar dafür, dass ich das komplette Wochenende mit ihm verbracht hatte und wusste, dass das letzte, das wir uns gesagt hatten, ein „Ich hab` dich lieb!" war, als ich zur Haustür rausging.

In den nächsten Wochen verbrachten wir sehr viel Zeit im Krankenhaus. Ich versuchte in der Zeit trotzdem weiter zu studieren, weil ich meinem Vater versprochen hatte, mein Studium auf jeden Fall zu schaffen. Ich glaube, dass diese Ablenkung mir auch dabei half, möglichst stark zu bleiben. Denn ich hatte das Gefühl, ich müsse stark sein, damit es dem Rest meiner Familie vielleicht leichter fällt, mit der Situation umzugehen und bemühte mich oft, möglichst gefasst zu wirken. Immer gelang dies natürlich nicht und oft holten mich dann abends die Gefühle der Angst und der Verzweiflung ein. Immer wieder kreiste der Gedanke in meinem Kopf, warum gerade uns das passieren musste.

Irgendwie verging die erste Zeit dann wie in Trance, ständig gab es dieses Auf und Ab von guten und von schlechten Prognosen und Diagnosen und irgendwie kehrte eine Art Alltag ein, der natürlich nicht war wie früher, doch man begann sich mit der Situation abzufinden und zu arrangieren so gut es ging.

Besonders schwer wurden dann die Momente, in denen einem noch mal viel deutlicher bewusst wurde, dass unser Vater fehlte, z.B. bei Familienfeiern oder Besuchen bei Bekannten, wo man früher nur gemeinsam war. Diese Momente waren so schwer, weil man ihn nicht mitnehmen konnte, sondern im Pflegeheim zurücklassen musste und weil immer Erinnerungen an die früheren Zeiten kamen.

Einer der traurigsten Momente war für mich der, an dem ich feststellen musste, dass ich anfing seine Stimme zu vergessen. Mich immer weniger an den Klang erinnern zu können, tat mir sehr weh, weil ich sie nicht vergessen wollte und irgendwie auch das Gefühl hatte, sie nicht vergessen zu dürfen.

Mir fällt es oft schwer den „neuen" Zustand mit meinem „alten" Vater zu verbinden. Dadurch, dass keine wirklichen, bewusst gesteuerten Reaktionen von ihm kommen, habe ich oft das Gefühl, dass das zwar noch der Körper meines Vaters ist, aber der Charakter bzw. das was meinen Vater als Mensch ausgemacht hat, irgendwie fehlt. Meistens habe ich bei diesem Gedanken ein schlechtes Gewissen, aber gegen dieses Gefühl bin ich machtlos. Dafür fehlt mir auch zu sehr die Hoffnung, dass sich noch irgendwas bessern könnte. Dies ist wohl auch der Grund dafür, dass ich es oft schwer finde mit meinem Vater einen guten Umgang zu finden, wenn ich ihn besuche. Oft fange ich an, ihm was zu erzählen, breche aber dann nach einigen Sätzen ab, weil ich es nicht kann. In der Folge hab ich Schuldgefühle, dass ich ihm mehr erzählen und mit ihm reden sollte, doch oft schaffe ich dies einfach nicht. Dann kuschle ich mich einfach an ihn, und hoffe, dass er dies schön findet und es für ihn dann auch ok ist, wenn ich schweige. Früher besuchte ich ihn sehr regelmäßig, meist jedes zweite Wochenende. Inzwischen wird es weniger. Manchmal kommt dann der Gedanke, dass ich öfter hin sollte, wenn ich schon nicht so weit weg wohne, doch irgendwie muss auch mein Leben weitergehen und dann ist das leider nicht immer zu schaffen.

Ich finde, meine Familie ist durch den Vorfall nochmal enger zusammengerückt. Wir spenden uns immer wieder gegenseitig Trost, helfen einander wo wir können und geben uns gegenseitig wahnsinnig viel Kraft und Unterstützung. Gerade meine Mutter bewundere ich, wie viel Kraft sie hat, um ihren Alltag zu meistern und trotzdem jeden Tag zu meinem Vater zu fahren.

Ich denke mein Leben hat sich verändert, einfach weil ich mich verändert habe. Ich finde, wenn man als relativ junger Mensch so etwas erlebt, lässt einen das deutlich schneller erwachsen werden. Man wird irgendwie von einem zum anderen Moment deutlich reifer und übernimmt auch einen Teil Verantwortung. Denn auch wenn mein Vater im Pflegeheim betreut wird, bleiben noch genügend damit zusammenhängende Aufgaben, wie z.B. der ständige Kampf mit irgendwelchen Behörden oder das nachschlagen von irgendwelchen Paragrafen, die ich auch nicht immer meiner Mutter alleine überlassen will.

Ich glaube, ich werde es auch in Zukunft nicht gut schaffen, so wirklich gut damit umzugehen und es einfach zu akzeptieren. Denn egal ob es Erinnerungen an früher sind oder der Anblick beim Besuch, es schmerzt jedes Mal aufs Neue und macht mich wahnsinnig traurig.

Der Gedanke, dass er bei meiner Hochzeit nicht mit mir den Vater-Tochter-Tanz tanzen wird oder dass er vielleicht niemals ein Enkelkind so richtig in den Armen halten kann, sind Punkte, die mich traurig machen, wenn ich an die Zukunft denke. Aber irgendwie geht das Leben weiter, nun also mit einem Vater im Wachkoma, den ich trotz allem über alles liebe und wo ich mein Bestes geben werde, ihm das auch zu zeigen, auch wenn es manchmal schwer fällt.

Als Familie haben wir die letzten 2,5 Jahre so gut es ging geschafft und wir werden auch alles schaffen, was noch kommt und halten zusammen!

MEINE SCHWESTER BIANCA

Ich heiße Sandra und bin 36 Jahre alt. Seit dem 08.04.16 bin ich mit meinem Mann Marco verheiratet und habe 2 Kinder (Benjamin 12 und Finja 10). Meine Geschichte handelt von meiner Schwester Bianca. Bei ihr wurde am 30.04.15 am Kiefer ein bösartiger Tumor entfernt. Tagsüber hatten wir noch per WhatsApp geschrieben. Ich hatte mich abends mit den Worten: Ich hab dich lieb, verabschiedet!

Am 01.05.15 gegen ein Uhr nachts ist meine Schwester Bianca auf der Toilette zusammengebrochen. Ein Pfleger hatte sie dort gefunden. Sie hatte eine Lungenembolie mit totalem Organversagen. Sie wurde 45 Minuten reanimiert. Und um den Körper zu entlasten, ins künstliche Koma versetzt. Da war noch keinem bewusst, wie schwer sie es getroffen hatte. Ärzte sagten uns, wir müssten abwarten und schauen, wenn sie wieder aus dem künstlichen Koma aufwacht, inwiefern sie Schäden davon getragen hat!

Am 02.05.15 wollten meine Mutter und ich, meine Schwester im Marienhospital in Osnabrück besuchen. Dort wurden wir von der Intensivschwester darauf hingewiesen, dass uns ein Arzt sprechen wollte. Der Arzt kam einige Minuten später und hat uns dann aufgeklärt, dass Bianca innere Blutungen an der operierten Stelle hat und das Team um ihr Leben kämpft. Sie würde gerade für eine Not OP vorbereitet und sie wüssten nicht, ob sie es noch bis in den OP schaffen würden oder sie gleich im Zimmer operieren müssten! Stunden vergingen, in der Zeit traten wir den Rückweg an. Eine Stunde Fahrt, still und wortlos ....

Am darauffolgenden Tag sind meine Eltern und mein Schwager zu einem Gespräch in die Klinik gerufen worden. Dort wurde ihnen gesagt, dass während der OP einem Arzt aufgefallen ist, dass ihre Pupillen Unstimmigkeiten aufweisen, die auf schwere Gehirnschäden hindeuten! Es wurden daraufhin Untersuchungen gemacht. Diagnose: schwerer hypoxischer Hirnschaden (beim schweren hypoxischen Hirnschaden fallen die Patienten in der Regel zunächst ins tiefe Koma, danach meist ins sogenannte Wachkoma (bzw. Apallisches Durchgangssyndrom). Im Wachkoma ist die Verbindung vom Großhirn zum Stammhirn unterbrochen. Die Patienten haben zwar die Augen geöffnet, sind aber zu keinerlei Reaktionen fähig.)

Seitdem war klar, sie liegt im Koma! Sie wurde aus dem künstlichen Koma geholt, war aber zu dem Zeitpunkt noch am Beatmungsgerät angeschlossen. Einige Tage später hatte man beschlossen, das Beatmungsgerät abzustellen. Uns Familienmitgliedern hatte man gesagt, dass ein Pfarrer kommt und ihr die letzte Ölung gibt. Meine Eltern sind mit meinem Sohn und meinem Schwager sowie mit meinem Neffen und meiner Nichte nach Osnabrück gefahren.

Die Maschinen wurden abgestellt, aber meine Schwester kämpfte, sie atmete selbstständig! Sie lebte!

Wie das alles für mich war? Furchtbar. Ich kenne noch jedes Detail vom Zeitpunkt der Hiobsbotschaft an: Am 01.05.15 klingelte gegen 7:30 das Telefon. Ich hatte direkt ein komisches Gefühl! Es würde am 1. Mai keiner so früh bei mir anrufen. Ich schickte meine Tochter nach unten, um ans Telefon zu gehen. Meine Mutter war dran, ich lag noch im Bett. Mit zitternder Stimme sagte sie mir dann, dass meine Schwester eine Lungenembolie hatte! Mit einem Schlag saß ich im Bett und war bitterlich am weinen, ich hörte schon gar nicht mehr, was meine Mutter noch sagte. Ich stammelte nur noch vor mich hin, sie darf nicht sterben, sie darf nicht sterben ….

Ich legte auf und Marco nahm mich in den Arm und fragte was los ist. Ich berichtete ihm was passiert ist. Danach lag ich nur noch wie gelähmt im Bett. Den ganzen Tag habe ich nur darauf gewartet, dass das Telefon klingelt, und man mir sagt, dass meine Schwester außer Lebensgefahr ist. Da ich keinen Anruf erhielt, habe ich stündlich bei meinen Eltern angerufen, ob es was Neues gibt. Gegen Abend hieß es dann, sie ist stabil!

Als am nächsten Tag der Arzt sagte, das meine Schwester gerade um ihr Leben kämpft, wollte ich losschreien und anfangen zu weinen. Aber ich sah meine Mutter, die schon innerlich zusammenbrach, also habe ich mich zusammengerissen, um für meine Mutter da zu sein. Wir gingen raus, da wartete auch Marco, und ich habe meinen Vater, Schwager und Bruder angerufen. Damit die im schlimmsten Fall vorgewarnt sind. Danach bin ich Marco nur noch in die Arme gefallen und habe meinen Gefühlen freien Lauf gelassen. Zusammen sind wir dann in die naheliegende Kirche gegangen und haben Kerzen angezündet und gebetet.

03.05.15 Die Diagnose war ein Schock! Ich konnte nicht fassen, dass sich alles von ein auf den anderen Tag so geändert haben soll. Ich verstand nicht, dass meine Schwester tatsächlich nie wieder aufwachen sollte!

Bei der letzten Ölung war ich nicht dabei, zu groß war der Schmerz, mich für immer von meiner Schwester verabschieden zu müssen. Wir verbrachten mindestens 5 Tage die Woche zusammen… und wenn es nur kurz auf einen Kaffee war… oder wir telefonierten stundenlang zusammen…. Ich konnte nicht, ob es meine Familie verstanden hat, keine Ahnung, aber in dem Moment musste ich es mit mir ausmachen, und das war für mich leichter, sie so in Erinnerung zu behalten…. Sie war schließlich mein ein und alles.

Aber ich wartete auf den Anruf, nachdem das Beatmungsgerät ausgestellt wurde, wie der Zustand meiner Schwester sich änderte. Mein Vater rief gegen Abend an und sagte, sie atmet selbstständig, sie hat es geschafft, sie wird laut Ärzten nicht sterben, weil dann sich der Zustand direkt verschlechtert hätte. In dem Moment war ich erst mal erleichtert….

Die darauffolgenden Wochen und Monate waren eine große Herausforderung für die Familie. Wir haben uns so oft, wie es ging, zusammengesetzt, haben gehofft und zusammen geweint. Haben Entscheidungen zusammen getroffen, wir waren in dem Moment alle für den anderen da.

Den Kindern (Anna-Sofie, 14 und Nico, 12) meiner Schwester habe ich jede Veränderung ihrer Mutter mitgeteilt. Ich war in dem Moment Ansprechpartnerin für meine Nichte und meinem Neffen, dann hatte ich meine 2 eigenen Kinder, die ich auffangen musste. Nico war die ersten 4 Wochen bei uns.

Ich musste seine kindliche und verzweifelte Trauer auffangen, dann die Trauer meiner 2 Kinder … dadurch ist meine Trauer nach hinten gerückt, ich hatte manchmal keine Zeit an mich selbst zu denken, weil alles weiter gehen musste … Schule, Arbeit …. Die erste Zeit waren dafür die Nächte die Hölle, ich habe kaum geschlafen, aber ich musste für alle stark sein! Morgens habe ich so gut es ging, wieder versucht in den normalen Alltag zu finden. Dabei hat mir mein Mann sehr geholfen, dem ich dafür sehr dankbar bin, mich immer wieder in schlechten Momenten aufgefangen zu haben. Ohne ihn weiß ich nicht was passiert wäre ….

Nach 14 Tagen wurde Bianca von Osnabrück nach Meppen, ihre Heimat, in die Rhea verlegt. Dort sind mein Schwager und ich jeden Vormittag und meine Eltern jeden Nachmittag bei ihr gewesen. Dort hat sie in unserer Anwesenheit das erste Mal ihre Augen geöffnet.

Nach langem Überlegen haben wir uns dann zusammen entschlossen, dass meine Schwester in einem Pflegeheim am besten untergebracht ist. Durch einen Bekannten bekamen wir die

Information dass das Haus Sorteria in Emlichheim auf Wachkomapatienten spezialisiert ist. Ich habe dann dort einen Termin vereinbart, wo wir als gesamte Familie hingefahren sind. Wir haben uns gemeinsam ein Bild gemacht. Die Therapiemöglichkeiten sind dort bestens. Wir hatten Glück, dass dort gerade ein Platz frei war, da dieses Haus eigentlich immer ausgebucht ist!

Ich persönlich bin sehr froh, dass wir einen so tollen Heimplatz für meine Schwester gefunden haben. Ich weiss, dass sie dort bestens untergebracht ist. Das Pflegepersonal ist spitze. Der Heimweg macht mich nie traurig, da sich alle bestens um sie kümmern. Es wird auf unsere Wünsche eingegangen, Haare schneiden, Fußpflege, Rollstuhl, es besteht ein sehr guter Austausch.

Wenn ich sie besuchen gehe, sitzt sie im Rollstuhl und wir gehen Kaffee trinken, shoppen, gehen spazieren, genießen die Sonne, ich erzähl ihr von mir, was in der Zwischenzeit passiert ist, wir machen Fotos, gehen gemeinsam zur Therapie, ich massiere sie, spiele ihr ihre Lieblingslieder vor … ich versuche dann so normal wie möglich, den Tag mit ihr zu verbringen …. Auch beim an- und ausziehen, Haare kämmen, eincremen etc. bin ich bei den Besuchen dann behilflich. Was von dem Personal sehr gerne angenommen wird.

Als sie die Trachealkanüle noch hatte wurde uns gezeigt, wie wir absaugen können, die Nahrung und Wasser wechseln. So hat man das Gefühl man ist nicht ganz hilflos, wenn man Bianca besucht. Ich besuche meine Schwester alle 8-10 Wochen. Mehr kann und möchte ich auch nicht. So kann ich mit der ganzen Situation besser klar kommen. Alles andere würde mich kaputt machen. Meine Eltern fahren jeden zweiten Tag (Dienstag und Donnerstag) zu ihr, mein Schwager besucht sie am Wochenende.

Meine Eltern denken bestimmt, das ein oder andere Mal, ich könnte sie öfter besuchen. Sie sind ja deutlich häufiger da. Aber Schuldgefühle habe ich nicht. Weder ich noch sonst wer hätte an der Situation was ändern können! Es ist unser Schicksal mit dem wir leben müssen… Es konnte keiner wissen, dass so etwas passieren wird!

Momentan gibt es keine Momente der Hoffnung aber auch nicht der Rückschläge. Wir sind froh, dass sie schon nach kurzer Zeit (9 Monate), die Trachealkanüle entfernen konnten. Seitdem gibt sie manchmal Töne von sich, was uns mehr als glücklich macht. Sie ist nicht mehr stumm, man merkt so, dass noch ein wenig Leben da ist. Leider besteht sonst kein richtiger Weg, mit ihr Kontakt aufzunehmen.

Wenn ich auf meine Gesamtfamilie schaue, dann hat sich logischerweise einfach sehr viel verändert. Für meine Eltern gibt es nur noch meine Schwester, mein Vater hält sich nur mit dem Gedanken, dass Bianca wieder aufwachen wird, aufrecht. Meine Mutter zerbricht innerlich. Im Großen und Ganzen verbringen wir jetzt aber als Familie mehr Zeit miteinander. Wir wissen, wie wichtig wir uns sind.

Auch sonst ist das Leben mir wichtiger geworden. Ich denke häufiger über das ein oder andere nach. Ich erlebe Momente intensiver, da ich weiß, wie schnell alles auf einmal vorbei sein kann. Wenn ich daran denke, dass jemand ins Krankenhaus muss, habe ich Panik, da die Angst so groß geworden ist, dass ich denjenigen auch verlieren werde. Oder ich nach einer OP auch nicht mehr erwache. Tage wie meine Hochzeit oder die Kommunion meiner Tochter konnte ich nicht so genießen, dafür fehlte eine für mich wichtigste Person meines Lebens! Und an genau solchen Tagen werde ich immer wieder an das Schicksal erinnert.

Wenn ich an die Zukunft denke, dann bereitet mir das viele Sorgen. Man denkt darüber nach, ob man seine Kinder aufwachsen sieht, darüber dass die eigenen Eltern auch nicht jünger werden, wie ist es in ein paar Jahren, hat man dann evtl. nicht nur seine

Schwester zu versorgen, sondern auch noch die Eltern. Wie soll man das dann alles alleine schaffen? Wie lange wird meine Schwester so noch in dem Zustand leben? Wenn ich an die Zukunft denke, macht mir das ein oder andere doch Gedanken und auch Angst.

CARMEN, IHR VATER UND VIEL STREIT IN DER FAMILIE

Mein Name ist Carmen, ich bin 46 Jahre alt und wohne in Wölfersheim mit meinen beiden Kindern und meinem Lebensgefährten Thommy, 37 Jahre alt. Meine Tochter Jenny ist 20 Jahre alt, mein Sohn Marcel zehn.

Thommy und ich haben uns im September 2014 wieder gefunden und er durfte meinen Vater noch an Weihnachten und Sylvester kennenlernen. Sie verstanden sich sehr gut. Ich hatte derzeit noch eine WG mit Mario, meinem Ex-mann, wir waren aber schon über 10 Jahre nicht mehr zusammen und Thommy zog relativ schnell bei uns ein. Ich habe noch eine Schwester und einen Bruder und auch eine Mutter, die 5 Jahre älter ist als mein Vater.

Dann kam der Anruf. Marcel kam aus seinem Zimmer und meinte, mein Vater sei im Krankenhaus. Das war am 11. Januar 2015. Seitdem hat sich einiges in unserer Familie grundlegend geändert, leider!

Mein Vater war immer das Familienoberhaupt und hat die Familie zusammen gehalten. Meine Mutter hatte mehr die Rolle der lieben Hausfrau, die alles macht, was der Mann sagt. In Folge war sie etwas unselbstständig. Er war auch ein echter Lebemensch. Nachdem er Jahre zuvor einen Bänderiß an der Schulter hatte und irgendein Krankenhausvirus in die Wunde kam und er 13 mal operiert wurde, war er Frührentner. Er verkaufte bei Ebay alle möglichen Sachen, so ein bisschen als Beschäftigungstheapie nebenbei. Außerdem war er auch sehr viel in Weinstuben und Gaststätten unterwegs, demzufolge oft alkoholisiert. Dabei blieb er immer lieb, wurde nie böse.

Am 11. Januar war mein Bruder schon nachts ins Krankenhaus gefahren, auch der Freund meiner Schwester konnte sich früh dorthin aufmachen. Als ich am 12. Januar auch ins Krankenhaus kam, war mein Vater nicht bei Bewusstsein und wurde beatmet. Ich ahnte Schlimmes. Er hatte einen Schlaganfall in Verbindung mit noch einer anderen schweren Gehirnschädigung.

Es war wohl folgendes passiert: Er kam aus einer seiner Weinstuben spät nachhause und saß wohl noch im Wohnzimmer, ging aber irgendwann zu Bett. Als meine Mutter am nächsten Vormittag aus der Kirche kam, konnte sie ihn nicht wecken. Da war es wohl schon passiert. Sie versuchte, ihm Wasser zu geben, doch er konnte nicht schlucken und kam auch nicht zu sich. Sie ließ das Telefon klingeln und er reagierte nicht. Leider hat sie gedacht, er sei wohl betrunken und hat nicht den Krankenwagen gerufen. Irgendwann am späten Nachmittag kam der Freund meiner Schwester und hat sofort den Krankenwagen gerufen, leider zu spät.

Nun lag er in der Sani Klinik in Offenbach ohne Bewusstsein. Die Klinik wollte einen gesetzlichen Betreuer. Ich habe die Aufgabe zusammen mit meinem Bruder ganz spontan übernommen, ich dachte, dass ich noch den kühlsten Kopf hatte und sah in meinem Bruder die beste Unterstützung. Wir haben beide Familie und sind beide in der Lage, Verantwortung zu übernehmen. Da meine Mutter sehr unselbstständig ist, fanden wir es besser, meine Schwester nicht mit der Betreuung zu belasten, so dass sie sich um die Mutter kümmern kann. Sie wohnt direkt gegenüber und hat den engsten Kontakt zu den Eltern.

Nach drei Tagen erwachte mein Vater, ich redete mit dem Arzt. Mein Vater konnte nur noch die Augen bewegen, der Arzt meinte, er sei im Wachkoma bzw. im Locked-in-Syndrom. Dies bezeichnet einen Zustand, in dem ein Mensch zwar bei Bewusstsein, jedoch körperlich fast vollständig gelähmt und unfähig ist, sich sprachlich oder durch Bewegungen verständlich zu machen. Diese schlimme Diagnose kam nach ein paar Tagen, als er in die Reha nach Bad König verlegt werden sollte. Ich wusste irgendwie schon, dass das leider nimmer wird. Meine Mutter, Schwester und deren Partner hatten da wohl andere Gedanken. Aber da ich eine Cousine habe, die in diesem Bereich arbeitet, habe ich sehr wohl verstanden, was da los ist.

Schlimmer geht nimmer. Er lag für zirka drei Monate in der Reha. Zuerst wurde er noch beatmet, später konnte er dann aber wenigstens selbstständig atmen. Zunächst war da natürlich viel Hoffnung. Aber leider ist, außer das er selbstständig atmet, bis heute nix passiert. Er hat auch heute noch eine Trachealkanüle, wird zwar entblockt, aber leider kann er nicht schlucken, sprechen oder sonstiges. Allerdings kann er die Augen hoch bewegen, wir gehen davon aus, dass dies ja bedeutet. Wir wissen leider bis heute nicht, ob er wirklich alles versteht. Es macht zwar den Eindruck, aber naja, er kann sich ja sonst nicht äußern. Es gibt zwar dieses Augenkommunikationsgerät namens Tobii, aber es scheint nicht wirklich jemand daran interessiert zu sein, dass er sich äußern kann.

Meine Schwester und ihr Partner haben ihn nach den drei Monaten Krankenhaus bzw. Reha in ihrer Wohnung aufgenommen. Er hat einen 24 Stunden Pflegedienst. Nebenbei bauen sie ein Haus für sich und die Eltern. Ich habe ihn am Anfang oft besucht, im Krankenhaus wie auch in der Reha. Manchmal alleine und dann auch mit den Kindern.

Mit dem Umzug zu meiner Schwester und der dauernden Sorge um meinen Vater, konnte die Familie nicht wirklich umgehen. Ich weiß nicht genau, wie es passiert ist, aber wir sind an unserem Schicksal zerbrochen. Aktuell kann ich meinen Vater nur unter Aufsicht meiner Schwester besuchen, ich darf sonst nicht in ihre Wohnung. Unser Verhältnis hat sich sehr verschlechtert. Früher waren wir gut befreundet und hatten ein super Verhältnis. Nun leider nicht mehr... Sie haben mir die Betreuung entzogen, hintenrum übers Amtsgericht. Ohne mit mir zu reden. Ich fürchte, sie machen das, um die Kohle meiner Eltern abzugreifen, denn das brauchen sie, um das Haus für sich und die Eltern zu bauen. Die erste Baufirma ging zunächst pleite, aber nun ist es am rollen und das Haus soll dieses Jahr fertig werden. In der Zwischenzeit habe ich mich dann nur noch um die Mutter gekümmert, aber selbst da wurden mir von den beiden Steine in den Weg gelegt, weil ich einmal da war ohne Anmeldung. Einmal wurde meine Mutter aus dem Wohnzimmer ausgesperrt, als ich sie zum Geburtstag von meinem Sohn abgeholt habe. Klar, dass ihre Laune da im Keller war. Sie ist eine wirklich liebe, aber eben recht unselbstständige Frau, und sie wird nun manipuliert. Wenn mein Vater reden könnte, wäre alles anders.

Mit ihm schweigend, muss ich mitansehen, wie die Familie immer mehr zerbricht. Auch mein Bruder kommt nur noch alle paar Monate zu Besuch, weil er den ganzen Stress, den die beiden verbreiten, auch nicht ertragen kann.

Ich werde meinen Vater wieder besuchen - wenn er bis dahin noch lebt - wenn das Haus dieses Jahr fertig wird. Ehrlich gesagt, wundert es mich wie stark wie Menschen an ihrem bisschen Leben hängen. Mein Vater war ein Lebemensch und ich kann mir nicht vorstellen, dass er so leben will. Aber meine Cousine sagt auch, gerade die Menschen aus der Nachkriegszeit haben einen enormen Lebenswillen. In dieser Mischung, meinen Vater so daliegen zu sehen und gleichzeitig zu erleben, wie die Familie zerfällt und wir uns immer mehr zerstreiten, ist es echt schwer auszuhalten. Manchmal denke ich, ich bin in der Hölle.

Liebe Grüsse auch an Deinen Bruder, es hat mich sehr bewegt, zu lesen, das es ähnliche Schicksale gibt.

Carmen

MEINE LEBENSGEFÄHRTIN BIRGIT

Uwe hat sich auf mein Gesuch gemeldet, weil ich etwas unklar nach nicht pflegenden Angehörigen gesucht habe. Im engeren Sinn pflegt er seine Freundin Birgit nicht, aber er ist als Hauptperson für sie da. Er trägt damit eine andere Last als Angehörige wie Schwestern oder Söhne. Dennoch soll er hier zu Wort kommen. Auch als Würdigung für dieses Schicksal, was ein anderes ist. Garantiert nicht leichter.

Ich bin Uwe, 46 Jahre alt und komme aus Wetzlar in Hessen. Ich bin von Beruf Kraftfahrer und bis dato ein fröhlicher Mensch. Meine Hobbys waren meine VW Oldtimer und Flohmärkte, sofern es der Job zugelassen hat.

Am 28.12.2014 kurz nach dem Frühstück, noch am Frühstückstisch, bekam meine Lebensgefährtin Birgit (49) einen starren Blick und röchelte kurz, auf mein Ansprechen reagierte sie schon nicht mehr. Sofort setzte ich den Notruf ab und stellte an der Halsschlagader ihren Puls fest. So habe ich sie sitzend auf dem Stuhl belassen bis die Rettungskräfte eintrafen. Aus räumlichen Gründen konnte ich den Raum nicht verlassen, als die drei Rettungskräfte eintrafen. So musste ich mir den dann folgenden 75-minütigen Kampf um ihr Leben mit ansehen. Was mir bis heute noch zu schaffen macht. Was einem in dieser Situation durch den Kopf geht, das kann man nicht beschreiben. Auch heute noch nicht. Meinen Chef habe ich über Handy benachrichtigt, dass ich erst einmal nicht zur Arbeit komme. Die Angehörigen von Birgit hat ein Nachbar informiert, weil ich nicht in der Lage dazu war. Dieser hat mich dann auch ins Krankenhaus gefahren.

Eine einfühlsame Ärztin, hat uns in einem ersten Gespräch keine Hoffnung gemacht, da Birgit beatmet werden musste und ihre Nieren nicht 100% arbeiteten. Was sich nach zwei Wochen Dialyse gegeben hat und sie auch wieder selbstständig geatmet hat. Der Aufenthalt im Krankenhaus (Intensiv) betrug vier Wochen, die ich auch täglich an ihrer Seite verbracht habe. Eine Reha mit dieser Diagnose wurde nicht genehmigt, sie war ein hoffnungsloser Fall für die Bürokratie.

Wo sich dann die Frage stellte, wie soll es weiter gehen mit Birgit? Birgit ist seit 29.01.2015 in einer separat angemieteten Wohnung untergebracht, und wird von einem ambulanten Pflegedienst 24 Stunden versorgt. Sie wird zwar versorgt, aber wenn ich anwesend bin, helfe ich bei der Körperpflege, um ihr das Gefühl einer vertrauten Person zu geben. Mein Job erlaubt es mir Di & Do 2 - 3 Stunden vor der Arbeit bei ihr zu sein. Donnerstags mache ich immer einen Check, was Sie eventuell braucht, was ich dann beim Einkauf mitbringen muss. Am Wochenende besuche ich sie nach getaner Hausarbeit. Dienstags bekommt Birgit Besuch von einem Besuchshund der Malteser. Ihren 50sten Geburtstag haben wir sogar mit einer zwei Mann Live Band gestaltet.

In der Woche habe ich oft einen 18-19 Stunden Tag, da zu Birgit noch meine krebskranke Mutter dazukommt (80). Dort stehe ich auch an vorderster Front. Das zehrt an der Substanz.

Da die Angehörigen von Birgit 120 km entfernt wohnen, lag es nah, das ich die gesetzliche Betreuung erhalte. Was den Angehörigen sehr gelegen kam. Die ganzen behördlichen Schritte von erst Krankengeld bis zur heutigen Rente habe ich geschultert. Beantragen der Pflegehilfsmittel und den ewigen Kampf darum. Die Besuche der eigenen Familie halten sich in Grenzen.

Von den organisatorischen Angelegenheiten abgesehen, macht mir der aktive Verlust meiner Lebensgefährtin sehr zu schaffen, so das ich auch die Hilfe eines Psychologen in Anspruch nahm. Ich mache mir immer wieder Schuldgefühle im Notfall nicht das Richtige getan zu haben und verantwortlich für den Zustand von Birgit zu sein. Bis zu dem Zwischenfall waren wir 14 Jahre aktiv zusammen und werden es auch bleiben. Meine eigene Familie hat nur bedingt Interesse an meiner und Birgits Situation. Was meine Zukunft betrifft, gibt es nur die Hoffnung, meine Arbeit und seit kurzem den Kampf gegen den Krebs meiner Mutter. Spaß und Vergnügen sind Fremdworte geworden.

Schöne Momente sind für mich, wenn es Birgit verhältnismäßig gut geht. Wenn beispielsweise der Hund bei ihr ist oder wir im Rolli raus auf den Balkon können. Die Zukunft bzw. Ziele habe ich momentan aus den Augen verloren, ich lebe von einem Tag in den nächsten und erledige das, was erledigt werden muss. Es ist schwer, das alles unter einen Hut zu bekommen. Gerade am Wochenende alleine zu Bett zu gehen oder Sonntags alleine aufzuwachen.

Die größte Angst ist, das ich Birgit oder meine Mutter ganz verliere, wobei mir es aber klar ist, dass wir alle einmal gehen werden. Ich würde gerne ein Wunder erleben und deshalb gebe ich die Hoffnung nicht auf.